学習集団研究の現在　Vol.3

学習集団づくりが育てる「学びに向かう力」
—— 授業づくりと学級づくりの一体的改革 ——

目　次

序章 「学びに向かう」態度の評価と学習集団の課題

1. 学習評価を「一体として捉えた」教育課程改革の課題

　2020年（令和2年）4月より小学校で全面実施される学習指導要領は、2017年（平成29年）3月に中学校学習指導要領及び幼稚園教育要領とともに告示された。中学校学習指導要領は、2020年度に新しい教科書の採択を経て2021年度から全面実施されるが、幼稚園教育要領は、告示後1年間の周知期間を経て2018年（平成30年）4月から、保育所保育指針及び幼保連携型認定こども園教育・保育要領と足並みをそろえて、既に実施されている。

　今回の教育課程の改訂は、2014年（平成26年）11月の文部科学大臣の諮問「初等中等教育における教育課程の基準等の在り方について」を受けてのことである。そこでは、「新しい時代に必要となる資質・能力の育成」という教育目標を実現するために「何を教えるのか」という教育内容の改善とともに、「どのように学ぶのか」という学習方法と「どのような力が身に付いたか」という学習評価を「一体として捉えた、新しい時代にふさわしい学習指導要領等の基本的な考え方について」の審議が第一に要請されていた。

　「道徳時間の特設化」がはかられ法的拘束力を有する「告示」という形態をとった1958年（昭和33年）版の改訂以来、教育目標や教育内容にかかわって「何を教えるのか」を中心に教育課程のあり方が審議されてきた。それに対して今回、教育の「目標—内容—方法—評価」を「一体として捉えた」ことで、審議経過の進展とともに教育方法としての「アクティブ・ラーニング」や教育評価としての「パフォーマンス評価」に注目が集まるとともに、最終的には各学校における教育課程の編成と評価にかかわって「カリキュラム・マネジメント」が強調されながら、2019年（平成31年）3月に「児童生徒の学習評価及び指導要録の改善等について」の通知が出された一年後、この4月より小学校からの全面実施を迎えることになった。

　学校で「何を教えるか」の大綱的基準としての学習指導要領の改訂（告示）と児童生徒に「どのような力がついたか」を評価する指導要録の改善（通知）

とは、各学校が編成する教育課程にとって、とりわけ日々の授業実践にとってインプットとアウトプットに位置しているといえよう。というのも、カリキュラム・マネジメントからみれば、学校教育の「計画―実施―評価―改善」というサイクルにおいて、学習指導要領によって「何を教えるか」がインプットされることで学校の教育計画が具体的に作成され、その計画に基づいて実施された日々の授業によって児童生徒にどのような力がついたのかを評価する指導要録は、まさに学校教育のアウトプットとしての教育の成果を示すものだからである。

　インプットである学習指導要領で示される教育内容が変われば、学校教育や授業のあり方が変わることは容易に理解されやすい。それに対して、教育の成果としてのアウトプットを記述する指導要録の枠組みや学習評価のあり方が変わることが日々の授業のあり方を変えることになることについては、意外と気づかれにくい。むしろ、気づかないようにしているのかもしれない。というのも、日々の授業実践は、教育の目標や内容を重視しつつ方法を選択しながら実施しているのであって、教育の成果を測定する手段としてのテストの点数をあげることを直接の目的として授業に取り組んでいるとは積極的に明言することがはばかられてきたからである。教育と評価の関係は、「教育のための評価であって、評価のための教育ではない」と語り継がれてきた。

　しかし、近年、学校教育の結果責任としてのアカウンタビリティを意識してか、あるいはテストの点数をエビデンスとして公言してはばかられない状況があることが影響してか、評価しやすい指標を教育実践の主たる目的におきかえる傾向があるのではないか。たとえば、小学校２年生のかけ算の学習を終えて、クラスの子どもたち全員が「九九を間違いなく言える」ようになることは、学習評価の指標としてわかりやすい。九九の定着は、保護者にもわかりやすい指標である。しかし、かけ算の学習は、「九九が言える」ようになることに主たる目的があるわけではない。むしろ、足し算や引き算とは異なる「単位当たり量のいくつ分」というかけ算の世界が有する見方や考え方を理解することが教材の本質的な事柄であり、そのことを抜きに「九九が言える」ようになっても、かけ算を学んだとは言えない。「九九が言える」という評価指標が主たる教育目標にすり替わることで、九九の反復練習が繰り返され九九の暗唱に成功したとしても、それは、その後の割り算の学習に

役立つとは限らない。学習評価の指標を一義的に実現することに終始することは、必ずしも質の高い教育実践を保障するものではない。学習評価で示されるのは、教育活動の成果の一面的な指標に過ぎないのである。学習評価を「一体として捉えた」教育課程改革によって、「教育のための評価」ではなく、「評価のための教育」という逆転現象を招かないようにしなくてはならない。

2．学習評価のあり方が授業構成のあり方を変える

　指導要録における学習評価のあり方が変わることで、授業のあり方がどのように変わってきたか。直近の改訂である2008年（平成20年）の学習指導要領において「各教科における言語活動の充実」が謳われたことを受けて、指導要録で学習評価の観点として使用されていた「表現」という用語が、各教科に固有の「表現」活動ではなく「言語」活動に特化した「表現」を意味することになり、観点別評価が「思考・判断・表現」に変更された。このことによって、授業における思考活動が言語活動と一体化することで、「考えたことを書きましょう」と教科書が示すモデル的な「ノート」形式を念頭に進める授業や「調べたことを話し合いましょう」とペアトークやグループディスカッションの学習形態を取り入れる授業が推奨されることになったことは記憶に新しい。

　さらに遡っていえば、1989年（平成元年）版の学習指導要領の改訂とともに、評価観の転換を「新しい学力観」として提唱し、指導要録における各教科の観点別評価の項目の順序を逆転させて、各教科への「関心・意欲・態度」を最上位におき、「知識・理解」項目を最下位においた。それまでの「知識・理解」重視の「古い」学力観に対して「関心・意欲・態度」重視の学力観を「新しい」と呼んだのである[1]。授業は学力形成の場でもあるので、学力のあり方が変わることは、授業のあり方を変えることを要請する。授業のあり方を変えるために「指導から支援へ」のスローガンが謳われ、それまでの「知識・理解」を指導する「古い」教師中心の授業から、「関心・意欲・態度」を支援する「新しい」学習者主体の授業への転換が推奨されることになった。

　平成の時代に「新しい学力観」のもとで、授業のあり方は大きく変わった。象徴的にいえば、それまでの昭和の時代であれば、たとえば国語の教材文が

扱われる場合、子どもたちは、知らない言葉や新出漢字を「知識」として学び、文章を「理解」することが求められた。その上で教材文についての意見交流の学習を深めながら、最後の段階で、教材文をクラスで劇化したり、自分の感想を絵画に描いたり、同じ作者の作品を「続け読み」したりすることが、さらなる学習を広げる「国語に関する関心・態度」として評価された。しかし、「新しい学力観」のもとで推奨されたのは、文学中心で読解偏重の授業への批判もあり、子どもたちに文章を理解させることより、まず一読して「劇にしたいか」「絵画にしたいか」といった「関心・意欲・態度」を重視し、そこから始まる授業であった。観点項目の順序が逆転したことが、授業構成のあり方を逆転させることになった。学習評価のあり方が変わることで、授業のあり方は大きく変わるのである。

3．観点別評価項目の画一化と教科教育の固有性

　今回の改訂において育成すべき資質・能力を「知識及び技能」「思考力、判断力、表現力等」「学びに向かう力、人間性等」の３つの柱に整理したことを直接反映させて、学習評価の観点項目が４観点から３観点になり、すべての教科において「知識・技能」「思考・判断・表現」「主体的に学習に取り組む態度」と同一の表記になるとともに、その並びの順序が再び逆転した。同一表記と順序逆転は、何を意味し、何をもたらすのだろうか。
　戦後の各教科の観点について、その変遷を眺めれば、「新しい学力観」が登場する直前の指導要録において「各教科に対する関心・態度」がすべての教科の観点項目の最後に置かれ、それが「各教科への関心・意欲・態度」と改められて最上位項目として統一された以外は、それぞれ教科の特性をふまえた観点別評価の項目が存在してきたし、観点項目の数も教科によって異なっていた。たとえば、指導要録の源流でもある学籍簿の枠組みについて小学校を見れば、社会、算数、理科、家庭が「理解・態度・技能」の３観点、音楽と図画工作が「鑑賞、表現、理解」の３観点、体育は「理解、態度、技能、習慣」の４観点、国語は「聞く、話す、読む、書く、作る」の５観点と、各教科でまちまちである。1950年代まで「理解」という用語のある音楽や図画工作あるいは美術の芸術系の科目は、1960年代以降は、他教科の「知識・

理解」に当たる項目で「鑑賞」の用語が使用されてきた。芸術系の教科に「知識・理解」が必要ないというわけではないが、教科の特性をふまえて「鑑賞」を評価の枠組みとしてきたのである。国語や外国語にあっては、言語系らしく「聞くこと」「話すこと」「読むこと」「書くこと」といった表記が多くの時代で採用されてきた。これも、すべての教科の基盤にもなる言語系の教科の特性が反映している。さらに、日常生活とのつながりの強い家庭科や体育科では、「教育の現代化」の時代において社会、算数、理科が「関心」という観点を削除したのに対して、それまでの「態度」の項目を「実践的な態度」と変更して1970年代に維持している。

　今回の改訂で強調された「新しい時代に必要となる資質・能力の育成」は、グローバル経済を反映した市場経済の論理を優先させるものである。画一化された枠組みにおける評価のもとで、市場経済に貢献する「資質・能力の育成」に芸術系の教科も動員されているといえば過言であろうか。経済活動は社会生活の基盤として重要ではあるが、すべてではない。芸術は、趣味的世界として高尚な人々の特権ではなく、すべての人々が人間らしくよりよく生きる「豊かな人生」のために必要なものである。芸術以外の教科にあっても、子どもたちが人間らしくよりよく生きる「豊かな人生」に貢献しているであろうか。わが国の教育実践を支えてきた各教科研究は、教科に閉じこもって科学至上主義や芸術至上主義に陥ることなく、豊かな人生や人間形成の視点を教科固有に追究して、教育実践を蓄積してきた。今回の改訂で各教科が画一的に同じ枠組みの観点別評価を実施することで、そうした各教科が固有に追究してきた人間形成論的な意義と可能性を失うことになりはしないか。

　また、今回の3つの枠組みについて、学校教育法第30条第2項「生涯にわたり学習する基盤が培われるよう、基礎的な知識及び技能を習得させるとともに、これらを活用して課題を解決するために必要な思考力、判断力、表現力その他の能力をはぐくみ、主体的に学習に取り組む態度を養うことに、特に意を用いなければならない」が参照引用されて説明される事態が見受けられるのは、教育における法治主義的な態度というより、官僚主義的な形式化、画一化が蔓延しているのではないか。ここで説明の根拠として示される条文を文字通り読めば、今回の改訂で評価項目を逆順したことは、まずは「知識及び技能を習得させる」ことが、条文では「ともに」と表現されていても優

先的な事項になり、「それらを活用して課題を解決する」授業を行う前提として読まれてしまう。これまでも、習得と活用の関係が段階論的に受容されることで、「知識及び技能を習得させる」ことを優先させた反復練習型の授業に陥ることも少なくないのである。

　さらに言えば、ここでの「習得」概念が、米国におけるブルームの「完全習得学習（mastery learning）」で使用された技能（skill）系の習得（mastery）の意味で捉えられるので、「知識及び技能」を身につけるスモールステップ型で進行する授業の展開になる。「習得」概念を、そうではなくて、むしろドイツ教授学やヴィゴツキー的な意味における習得（appropriation）としての世界や文化を「わがものにする（Aneignung）」という意味に拡張するならば、「課題を解決する」なかで「活用した」知識及び技能が吟味されながら習得され、世界を「わがものにする」ような授業の構想になる。習得（マスター）してから活用する授業ではなく、活用のなかで習得（アプロプリエーション）される授業の構想への転換が求められる。こうした教育理論や教育実践の文脈をふまえず、法治主義のもと条文を形式的に適用するだけの官僚主義的な姿勢は、教育の文脈にふさわしくないだけでなく、教育という営みが有する創造的な姿勢や実験的な試みを萎縮させることになる。

４．「主体的に学習に取り組む態度」をどう評価するか

　資質・能力の一つとして示された「学びに向かう力、人間性等」の評価をめぐっては、観点別学習状況の評価になじまない部分としての「感性や思いやり等」は、個人内評価等を通じて「児童生徒一人一人のよい点や可能性、進歩の状況について評価するもの」を見取り、積極的に児童生徒に伝えることが求められている。「新しい学力観」の提唱とともに強調された「子どものよさと可能性への肯定的評価」の考え方が継承されてきているといえよう。日常的な教育実践のなかで子どもたちの「よさと可能性への肯定的評価」は、令和の時代になっても積極的に評価し児童生徒に伝えれらることが期待されている。この点について学習集団づくりの実践は、指導的評価活動のあり方として取り組み、問い直してきた。

　では、各教科の授業において「主体的に学習に取り組む態度」はどのよう

に評価されるのだろうか。文部科学省「小学校、中学校、高等学校及び特別支援学校等における児童生徒の学習評価及び指導要録の改善等について（通知）平成31年3月29日」によれば、主な改善点として、「各教科等の観点の趣旨に照らし、知識及び技能を獲得したり、思考力、判断力、表現力等を身に付けたりすることに向けた粘り強い取組の中で、自らの学習を調整しようとしているかどうかを含めて評価することとした」と説明され、各教科等の「観点の趣旨」が別紙で示されている。

　こうした説明をふまえるならば、各教科の授業における態度の評価は、「粘り強く学習に取り組む」態度と「自らの学習を調整しようとする」態度の二つの側面から評価されることになる。より具体的には、「知識及び技能を獲得したり、思考力、判断力、表現力等を身につけたりすること」とは、各教科等の「学力形成」を意味するので、学力形成に向けて取り組む態度が「粘り強い」ものであるかどうか、自らの学習を「調整しようとしているかどうか」が、「態度」評価の対象になる。この二つの側面は、相互に矛盾した関係である。というのも「粘り強く取り組む」態度は、今取り組んでいる学習のやり方をすぐにあきらめてしまうのではなく、一定期間にわたって同じやり方を繰り返すイメージとしての忍耐性や持続性が強調される。それに対して、「学習を調整しようとする」態度は、これまでの「自らの学習」のあり方を批判的に見直し、新たな学習のやり方に次々と切り替えていくように自己を調整しようとする変革性や挑戦性が強調される。しかし、むしろ問題は、そうした議論を積み重ねることではなくて、「主体的に学習に取り組む態度」という一つの観点のみにとらわれて評価することである。というのも、「新しい学力観」以降、これまで「関心・意欲・態度」の評価をめぐっての困難さの一つとして、「評価すべき対象が明確でない」ことが挙げられ、3つの概念の意味的な異同と関連性について、次のような指摘がなされているからである。

　「関心と意欲との大きな違いは学習者と学習対象との関わり方の違いにある。関心はまだ受動的であるのに対して意欲はかなり能動的であってすぐに行動できる段階にある。態度は学習をめぐる習慣、姿勢、根気強さのような意味で用いられてきた。態度が身についていると判断できても、指導内容と関連づけて態度の形成を確認できなければ、評価は困難である。そこで学習

対象とかかわらせながら態度の形成過程を考えなければならない。そうすることによって、教師の指導との関連を問うことができる目標として設定できる可能性が生まれてくる。」[2]

　この指摘にもあるように、「態度」の評価は、「指導内容と関連づけて」「学習対象とかかわらせながら」考えることが重要である。だから「粘り強い」態度や「調整しようとしている」姿それ自体で評価されてはならない。というのも、こうした「態度」評価の困難や課題には、歴史的に戦後の学力論争における「態度主義」批判が想定されているからである。学力構造を「知識層」と「態度層」の二重でとらえ、「態度層は、学力の中心に据えられるともに、知識層を支え、どの転移や発展を促す主体の傾向性として捉えられている。その結果、子どもの学習上のつまずきが生じたとき、教科内容や教材の問い直しではなく、学習者への心構えへの直接的な介入を呼び込むことになる」[3]と批判された「態度主義」である。この点をふまえれば、観点別評価項目としての「知識・技能」と「思考・判断・表現」とが「知識層」にあたり、「主体的に学習に取り組む態度」が「態度層」に当てはまることになるだろう。だとすれば、子どもたちに獲得される「知識・技能」の評価や子どもたちが身につける「思考・判断・表現」の評価と一体として捉えて「主体的に学習に取り組む態度」が評価されなければならない。「教科内容や教材の問い直し」が行われないところで、「学習者への心構え」だけが取り上げられ、「主体的に学習に取り組む態度」が評価されることは、「態度主義」として厳に批判され、避けられるべきである。

　学習者の授業への「心構え」や学習に取り組む「態度」は、教科内容や教材のあり方に左右される。左右されるが、逆に、学習者の「心構え」や「態度」が教科内容や教材を問い直す側面もある。学習集団研究は、そうした逆ルートをも大切にしながら授業づくりを行ってきた。歴史的にも学習集団研究の古典的な一冊が「態度づくり」[4]を表題としているのは、学習者の主体的側面を重視しながら授業づくりに取り組んできたことを反映している。「態度」に着目してきた経緯があるから、授業分析の観点として「教材研究」や「発問」「集団思考」と並んで「学習規律」をとりあげてきたのも、学習集団研究の固有性である。そのさい「規律」や「態度」の問題を、単なる「人間関係」ではなく、常に「教科内容の習得」の視点から追究してきたのである。

　学習集団研究ないし学習集団づくりを基盤として取り組まれてきた授業研究ないし授業実践の特徴は、教室の子どもたち一人ひとりの「学びに向かう」態度に焦点を当てながら、子どもの学習対象である教材のあり方や子どもを取り巻く集団のあり方、そして何より子どもと教師の教育的関係のあり方を分析することによって、授業改善や授業構想の方途を探ってきたことにある。だから授業研究において教室で何を見ているかといえば、教師の教材提示の順序や板書の仕方、教室の雰囲気等々、様々な事象を目にするなかで、何より授業が学習指導の場であり、学習の当事者が子どもである点をふまえ、授業研究における最大の関心事として、授業の進行とともに子どもたちがどのように学んでいるのか、その様子である。その様子は、授業における子どもたちの「態度」として、われわれの目に映るものである。

　ここでいう「態度」とは、子どもたちの表情や姿勢、動作や言葉遣いなどの外的「振る舞い」として目に映るものであるが、同時にその振る舞いを通して子どもの思いや心情、欲求や心的傾向などの内的な「構え」として解釈されるものである。だから、教室において教師の話を静かに聞いている姿を見せる子どもたちの外的な「振る舞い」について、それを表面的にとらえて「真面目な態度」と評価することもできれば、教師が管理的・威圧的で怖いから「ただ静かにしているだけ」で、話している内容を理解しようともしないし、わからなくても「自分とは別に関係ない」と思っているだけの「内的な構え」ではないかと解釈することもある。このように学習に関する外的な「振る舞い」と学びに向けての内的な「構え」との間に違いやずれがあることを大切にしながら子どもたちの「態度」を問い直すことが、子どもたち一人ひとりの「学びに向かう」態度に焦点を当てた授業研究であり、そのことによって子どもたち一人ひとりの願いや思いに「寄り添う」授業実践や授業改善に取り組んできたのである。学習集団づくりが子どもに寄り添い、「子どもから」の視点を重視してきたのは、こうした意味においてである。

　学習集団研究においても、あらためて子どもに「寄り添う」ことの意味を問い直すことが必要である。そのさい、ケアの本流でもある介護の現場で指摘される「ありのままを受け入れること」の意味に学ぶことは重要である。

　「「寄り添う」とは、認知症の人を変えようとしないで、介護者の方が近づき、そのありのままを受け入れることです。そうすると、無視されていたそ

の人の自尊感情は高まり、尊厳が回復するのです。さらに、尊厳を認めてくれた介護者に認知症の人から近づいてきてくれます。」[5]と指摘されるように、子どもに「寄り添う」ことは、あるがままを受け入れることで、子どもを「変えよう」という教育的意図をいったん留保することで子どもの方から「近づいてきてくれる」状態を生み出すための取り組みである。こうした取り組みを通して、「子どもの声をきく」ことができるのである。

　わが国の教育実践における子ども理解の特徴は、宮坂哲文の「子どもの声をきく」という営みを参照していえば、「子どもの心情に触れ、自己表現を引き出し、要求を育てる契機を見いだそう」[6]として子どもに寄り添ってきたことにある。そして、子どもからの「要求」を学習に向けての「要求」として育てることが学級全体で取り組むことが、学習集団づくりの基調である。学習への「要求」を育てることが、授業における「わかりません」や「ストップ」発言として実践されてきた。しかし、特別支援教育や特別なニーズの視点から、あらためて今日、子どもたちの「要求」を育てることが、子どもたちが必要としているニーズを満たすこととの関係において捉え直されなくてはならない。介護の世界において、「わたしの頭に、デマンドとニーズという二つの言葉が浮かびました。デマンドは、利用者がこうして欲しいと望むもの、ニーズはほんとうに必要な、満たされなければならないものです」[7]と指摘される。これまで、子どもたちが「こうして欲しいと望む」ものとしてのデマンドである「要求」を育てることで学習に向かう集団を形成してきた。しかしその際、子どもたち一人ひとりに「本当に必要な、満たさなければならないもの」としてのニーズの視点を十分に位置づけてきたのかを問い直すことが求められている。さらに、そのニーズの内実を誰が決めるのかをも含めて、理論的にも実践的にも学習集団研究を発展させていかなくてはならない。

5．やや長い追記

　本書の刊行が一年以上遅れた責任は、編者としての務めを十分に果たすことのできなかった私にある。原稿のお願いをしてから執筆者の変更等への対応もあったが、何より早くから原稿をいただいた執筆者の皆様、そして出版

に向けて鋭意尽力していただいている渓水社には、多大のご心配やご迷惑をおかけしたことを心より謝りたい。にもかかわらず寛容の精神をもって多くの関係者に対応していただき、なんとか刊行の運びとなったことに、まずは記して感謝を申し上げます。

　冒頭でも述べたように2020年4月は、新しい学習指導要領のもとでの新しい教育へのある種の不安と幾ばくかの期待が込められてスタートする春であるはずだった。しかし、それを前にして、世界的規模で感染が拡大しつつある「新型コロナウィルス」への対応の第一弾として、政府からの要請のもと公教育が春休みまで「臨時休校」になった。3月の学年末を迎えるにあたって未修了となったカリキュラムや学びながら成長する子どもたちの日々の学習権をどのように保障するのかの議論も十分なされないままの突然の一方的な要請であった。緊急の対応が必要なことは理解できるが、国家や社会の危機的な状況への対応措置において、まず子どもや弱者が有無を言わさず対象になり犠牲者となるという、戦争や紛争を通して学んできた言説を痛感した次第である。あらためてユネスコの学習権宣言（1985年）で示されるように、学習権とは、「生き残るという問題が解決されてから生じる権利ではない」こと、「人間の生存にとって不可欠な手段である」ことをしっかり受け止めたいものである。目の前の社会問題が解決されてから学習が始まるのでなく、目の前の社会問題の進行とともに、飛び交う情報の真偽について学習する機会として、「休校措置」におかれなくてはならない理由や自分達の暮らしの視点からの学習が、子どもたちに保障されなくてはならないのではないか。

　本書を手にされたとき、学校現場はどのような状況であろうか。さまざまな対策とこれまでにない制限や制約のもとで、子どもたちは学校に来ることができ、学習をすすめることができているのであろうか。一方で学校という存在そのもののあり方が問われているのではないだろうか。学習集団研究をリードした吉本均は、その学校論を次のようにシンプルに述べている。

　「子どもたちは、何のために、毎日、学校に来るのでしょうか。

　それは、次の二つのことのためになのです。

　子どもたちは「まなざし」を求めてくる。

　子どもたちは「学問」を求めてくる。

　学校というところは、結局のところ、右の二つのことのために存在してい

る、それ以外のためにではない、とわたしは考えています。」[8]

　子どもたちが求めてくる「まなざし」と「学問」に、われわれ教師がどのように応えるのかは、常に問われてきたことである。子どもたちと交わし合う「まなざし」の共有が、子どもたちの自尊感情や居場所感を教室のなかに育むのである。日々の授業を構想する教材研究が真理を探究する「学問」的な営みに支えられることで、子どもたちが求める学びを深めていくことができるのである。そうした「まなざし」の共有と真理を求める「学問」的探究をふまえた教育実践のなかでこそ、子どもたちと「ともに希望を語る」ことができるのではないだろうか。困難な状況においてこそ、「否定のなかに肯定を見いだす」ことで希望が語られる必要がある。そうした教育実践に寄与するヒントを、本書から一つでも読み取っていただければ幸いである。

註

1 ）文部省『新しい学力観による教育課程の創造』東洋館、1993年、参照。
2 ）大津悦夫「関心・意欲・態度の評価」日本教育方法学会編『現代教育方法事典』図書文化、2004年、360頁。
3 ）石井英真「学力」日本教育方法学会編『教育方法学研究ハンドブック』学文社、2014年、180頁。
4 ）吉本均・広島県東城町立森小学校『集団思考の態度づくり』明治図書、1966年、参照。
5 ）里村佳子『尊厳ある介護―「根拠あるケア」が認知症介護を変える―』岩波書店、2019年、ⅵ頁。
6 ）上野ひろ美・山岸知幸「教育実践における子ども理解の方法」岩垣攝・深澤広明編『教育方法の基礎と展開』コレール社、1999年、32頁。
7 ）里村、前掲書、112頁。
8 ）吉本均『続授業成立入門―「呼びかける」指導案の構想―』明治図書、1988年、1頁。

（深澤　広明）

第1部

「学級で教える」からこそ育つ子どもの学力

第1章

授業の成立にとって学級とは何か

1　学習集団研究における「授業の成立」とは

　学級（Schuklasse; class）とは一般的に、学校での授業のために編制された、一定程度の持続性を持つ生徒の集団であり、学校の基本的な組織単位である[1]。学校の日常は基本的に学級を単位としており、学校についての我々の心象風景は学級をぬきに考えることはほとんど不可能となっている。

　そうであるがゆえに「授業の成立にとって学級とは何か」を改めて問うことは簡単なようで難しい。歴史的に遡れば、そもそも学級は授業の成立を促すために成立・発展してきた組織のはずである。様々な年齢の生徒たちがそれぞればらばらに難易度の異なる学問を同時に教えられ、いくどもくり返し聴講するといった形での中世の教育方式に対して、およそ学ぶべき内容に応じて子どもを分団に編制し、段階的に進級していくという方式がとられるようになったことが学級組織の原初的な形態であった[2]。

　しかしながら、19世紀後半から20世紀初頭にかけて国民教育制度が整備される中で、学級が公教育の基本形態として多くの国で採用されてくると、次第にその構造的問題が指摘されるようになってきた。それは一つには、多くの子どもたちが集められ同時に授業を受けることに伴う秩序維持の困難さに関わる問題であり、もう一つには、学級集団内に存在する個々の生徒間の（学習意欲、学力などの）落差の問題である。新教育運動における学級解体・再編論を引き合いに出すまでもなく、これらの問題は今日なお指摘され続けており、むしろ学級という組織は「授業の成立」を困難にするものだという見方が広がってきた。

　学習集団研究の主要問題は、「授業の成立」の問題に、より正確に言えば、学級における「授業の成立」の問題に置かれてきた。「授業の成立」というと、

例えば1980年前後の荒れや校内暴力の問題、あるいは90年代末からの学級崩壊など、授業不成立の状況が喧伝される時に語られることが多い。その際、ともすれば「授業の成立」は授業が不成立でない状態、すなわち子どもたちが静かに座って、教師の指示に素直に従う状態として捉えられがちである。このような授業観に立つならば、学級という組織のもつ構造的特性は確かに「授業の成立」を阻害するものとなるだろう。しかし学習集団研究においては、このような制度としての授業が安定している状態をもって単純に「授業の成立」とは捉えられない。というのは、「教師の働きかけ＝教授行為に対して子どもたちの能動的な応答＝学習行為がよびおこされえていないとき、そこでは、『授業は成立していない』といわなければならない」[3)] と考えるからである。授業が成立しないのは、なにも子どもたちが騒がしい状態のことを指すばかりではない。教師の働きかけに対し、なんの反応も、発言もない場合、これもまた授業が成立しているとはいえない。子どもたちの授業への「出席」を超えて、教師の働きかけに対して自主的、能動的な応答を示すという意味での「参加」が引き起こされてこそ、はじめて「授業の成立」に至ると捉えられているのである。

　このような学級全ての子どもの学習主体化をはかる授業展開を実現するためには、一時間一時間の授業をいかに計画するかという問題も不可欠であるが、それだけでは不十分である。あわせて「『学習者の主体的条件を確立し』、教科内容にたいする『探求的積極的なアプローチ』を可能にするものとしての学級集団の質的発展過程の指導を、授業成立の基礎的条件として追究しなければならない」[4)]。こうした見地に立てば、学級内に生じる落差の問題や秩序の問題は必ずしも否定的に捉えられない。授業における秩序は子どもの行動を外的に取り締まることによって形成されるものではなく、子どもたち自身が自らの生活・学習要求に基づいて自主的につくりあげるべき教育的課題となる。子どもたちの落差についても、差異ある異質な他者とのかかわりの中でこそ一人ひとりの学びを深めることができるという点ですべての子どもの学習にとって同質性よりもいっそう有効だとさえ考えられる。

　このように学習集団研究においては、学級のもつ構造的特性は「問題」としてのみならず、授業の「原動力」としても捉えられてきた。授業づくりと学級づくりの関係構造については論争の余地が残るにせよ、わが国の教育実

践は、学級をつくりだすべき教育的課題として捉え、授業の成立基盤に位置づけてきたのである。

　しがしながら、学級の自明性がまだ保たれ、様々な背景や能力を持つ子どもを区別することなく編制された学級組織の民主性が肯定的に受け止められていた時代に比べて、今日では学級への見方は大きく変化してきている。90年代末から2000年代にかけて問題視された授業や学級経営が立ち行かなくなる現象は「学級崩壊」と呼称され、「学級が機能しない状況」として語られた。いじめや不登校をめぐる議論でも、学級の持つ同調圧力や学級空間という閉ざされた世界への囲い込みにその原因を求める声は根強い。また、20世紀末に展開されてきた「個の充実」「個性尊重」といった政策動向が学級への批判的なまなざしを加速させた側面もある。さらには、公的な生活の価値よりも私生活の充実を図る私事化傾向が子どもと保護者の間に広がってきたことや、子どもたちの人間関係の「島宇宙化」など、ライフスタイルや友人関係の変化と旧態依然の学級組織とのズレを指摘する声もある。いずれにしても学級に対する批判的なまなざしに共通するのは、学級づくりに内包されてきた生活共同体的性格の持つ抑圧性や画一性の問題である。現実に学級制度の廃止を求める声はほとんどないものの、編成行為において学習集団と生活集団を区別し、学級をいずれかに限定する議論や、学級に限定されない多様な学びの集団の構築が目指されている現状がある。様々な批判を受けながらも、実際的には依然として学級が授業組織として維持され続けている状況をふまえ、改めて学級づくりが授業づくりに対して果たす役割を再考することが求められている。国際的な研究動向を鏡としながら、その展望を探ってみたい。

2　授業の質にとって学級とは何か
―― 学級指導・学級経営をめぐる国際的研究動向から ――

　授業づくりにとって学級づくりの果たす役割は何か、という問題圏は今日、わが国のみならず国際的な教授学研究や授業研究の関心事となっている。とりわけ、学級指導（Klassenführung）や学級経営（Klassenmanagement）の復権の動向がはっきりと見えるドイツにおいてはその傾向は顕著である。そもそもドイツでは、学級指導や学級経営というテーマは長らく副次的に扱われ

てきており、「教員養成においても研究においても影のような存在であった」[5]。このような状況に対して、学級指導・学級経営が注目を集めるための契機は、教育心理学をはじめとする実証的な教授―学習研究（Lehr-Lernforshung）の主唱者たちから出されることとなった。近年のドイツの実証的な教育研究をリードしてきたヴァイネルト（Weinert, F.）とヘルムケ（Helmke, A.）のSCHOLASTIK-Studie[6]など多くの実証的研究の中で、「学級指導以上に学級の成績水準とその進展に一貫して結びつく指標は無い」[7]として、成果豊かな授業を構成するためには、教材や教授方法の工夫以上に学級指導や学級経営を充実させていく必要性が明らかにされてきた。また、エビデンスに基づく教育研究として世界的なブームを引き起こしたハッティ（Hattie, J.）のメタ分析においても、学級経営（classroom management）、集団のまとまり（group cohesion）、クラスメイトの影響（peer influences）などが学習に対して果たす役割は大きく、教師と生徒が共に学習過程の構成に関わり、間違いが歓迎されるような学級環境を創出する重要性が指摘されている[8]。これらの研究成果は、2000年前後の「TIMSSショック」や「PISAショック」の騒乱と結びつき、理論的な問題提起にとどまらず、教育政策的にも教育実践的にも学力向上のためには学級指導・学級経営が重要であるという認識を広げていった[9]。

　しかしながら、ここでまず問題となるのは学級指導・学級経営という用語においてどのような実践が意図され、授業づくりとの関連がどのように把握されているのかという問題である。わが国の状況とも通底するが、伝統的には学級指導は授業妨害への対応や授業中の秩序維持の問題として捉えられてきた。しかし、ヘルムケによればこれは「学級経営に関する今日の国際的な議論の水準から遠く遊離した」[10]時代遅れの思考だとされる。今日の国際的な研究水準に従えば、学級指導は生じた秩序問題への対応や授業内の秩序維持それ自体を目的とするのではなく、授業構成と関わりながら、能動的な学習のための枠組みをつくりだす総体的な働きかけとして捉えられる。このような学級指導と授業構成との関連は以下の様な図として描き出されている（図1）。効果的な学級指導と授業の質は相互に影響を及ぼし合いながら、子どもの学習へと働きかけること、そして支援的で相互に敬意を払うような学習風土が学習の基盤となることが示されている。

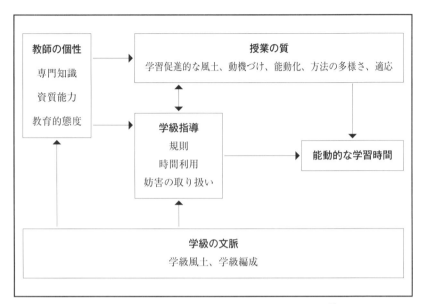

図1　ヘルムケによる学級指導の作用範囲モデル[11]

　「PISAショック」以降に展開されてきた授業の質保障の議論は、良い授業の成立のためには学級指導を通して学習促進的な環境をつくりだすことがいかに重要であるかを指し示してきた。もちろん、生活集団としての学級理解がほとんど無く、場合によっては学年制をとることさえない欧米の学級制度がその議論の前提にあり、学級づくりそれ自体に独自の教育的価値を強く認める日本の教育実践にその成果を単純に援用することはできない。しかし逆説的に言えば、学習集団をベースとする学級観に立脚するからこそ授業の中での集団過程の指導が注目され、授業を通しての学級指導、あるいは授業における学級指導のあり方の探究が切実な問題として浮かび上がっているということもできよう。

　ただし、学習集団研究の知見からすれば、こうした研究の成果には一定の留保も必要となる。図1のモデルにも表れているように、学級指導は基本的には規則や時間利用に限定されており、妨害の予防的対応としての性格を強く持ち、何より学級指導が「効果的な学習」や「学力向上」に対して従属的に位置づけられているからである。実際、ドイツ教育学の中でも、それを批

判する議論が展開されている。2002年に著書『学級という挑戦：学級を指導する―生徒を能動化する』によって、学級の指導を教育学上の問題に位置づけ直した学校教育学者アーペル（Apel, H.-J.）は、ヘルムケの学級指導論を「制御的（regulierende）」なものだと特徴づけ、「制御的な作用は―学校教育学的な観点からすると―狭い理解であり、そこからは方法学的な行為の射程が除外されている」[12]と批判する。そこから「教師の専門的行為には、確かに秩序をつくり上げることも期待されるが、同様に、教授技能、民主的な生活の支援、青少年の自律への希求の顧慮が期待される」のであり、「学級を教授学的に指導する者は、単なる学習や成績のシチュエーションを達成すること以上のことを引き起こさなければならない」[13]として、学習者の自己決定的な行為や学習を刺激・促進し、学習者の参加を促すものでなければならないことが提起されている[14]。

　「効果的な学習」や「学力向上」との関連を前面に出しながら、学級指導・学級経営を位置づけ直そうとする動向は危うさも含んでいる。アメリカの事例をもとに白松が指摘するように、「PISAショック」以降の学級経営をめぐる議論には、テスト学力中心主義の授業を支える条件整備として、「規律＝訓練」型の学級経営を求める流れが一方では存在している。「テスト学力づくりの場」という意味を付与された学級では、ゼロ・トレランス方式の指導法が埋め込まれ、その結果として「『学力』に興味を示さない、あるいは適応できない子どもたちは社会的に排除される危険性が生じてきている」[15]とされる。こうした問題は日本にも通底している。例えば、全国学力・学習状況調査をもとに、学習規律の徹底を行った学校の正答率がそうでない学校より高いという「エビデンス」をもって、そこで目指すべき学力や規律の内実を問わないまま、「規律＝訓練」型の学級づくりが推進されている状況があるからである。「効率性」や「効果性」といった技術的で管理的な問いは、場合によっては、学級づくりと授業づくりの関係性を狭め、授業における生き方や態度の形成といった訓育的問題や権利としての学習といった見地をそぎ落としていく危険性をもっている。

3　「学級で教える」ことの現代的位相
―― アクティブ・ラーニング、チーム学校、エビデンス、スタンダード ――

　国際的な教育学研究の動向と重ね合わせながら、学級づくりと授業づくり
の相互関係の再評価の動向について検討してきたが、最後に今日の学校・学
級をめぐる政策的動向をふまえながら、今後の学級論の課題と問題提起を
行ってみたい。

⑴　「新しい学習文化」と学級づくり

　授業づくりと学級づくりを相互関係のもとで捉えるならば、どのような学
級をつくりだしていくかという問題はどのような授業をつくりだしていくか
という問題と不可分になる。近年ドイツにおいて、学級の指導を生徒の能動
化との関係から捉える試みが拡大してきた背景には、「学力向上」の問題だ
けでなく、構成主義的学習観に代表されるような「新しい学習文化（Neue
Lernkultur）」の台頭が強く影響している。「新しい学習文化」とは、古典的
な記憶中心の一方向的な授業を廃し、状況や文脈と結びつきながら、学習者
の能動的な参加を前提として進められる自己制御的―社会的な学習を意味し
ている。教師が一斉形態の中で一方的に話して進める授業では、子どもたち
の動きを制限し、規律づけるための学級指導が必要となる。それに対し、子
どもたちの能動的参加と自己制御を前提とする「新しい学習文化」において
は、従来以上の学習参加や自己決定、共同決定を授業が要求する中で、規律
の内容も、静かに話を聞く、席についておく、ということだけでなく、他者
と共同するためのルールや責任といったものまでも含みこまれてくることに
なる。こうした学習文化の変容をふまえて、「教授者中心の学級経営」モデ
ルから「学習者中心の学級経営」モデルへの転換といった形で、例えば、学
習過程の計画に生徒を参加させたり、規則、座席配置、学習形態を教師と子
どもが共同で決定したりすることを通して、能動的な学習を支えるような学
級共同体を形成することが求められている[16]。

　そもそも学級において展開される授業は、子どもの知識習得や認知的発達
という側面だけでなく、学習に対する姿勢や態度、あるいはそれによって作

り出される学級の雰囲気を含めた文化づくりの側面を必然的に併せ持つこととなる。例えば、「学び合う教室文化」をつくり出すことを目指した小学校教諭の古屋による実践を取り上げてみよう。古屋の実践は、「学びの共同体」の考え方に影響を受けており、「アクティブな聴き方」やグループによる「学び合い」といった手法を用いて展開されている。他方で古屋は、これらの方法のみに注目することに警鐘を鳴らす形で次のように指摘する。「『学び合う教室文化』づくりは教室文化をつくる実践です。話の『聴き方』や四人グループの『学び合い』だけに取り組んでいるわけではありません。子どもたちが学校で経験するすべてのことを『学び合う教室文化』づくりに結びつけようとしています。たとえば、教室掲示・机の配置・教室目標・朝の会や帰りの会の工夫、教室空間のデザイン・宿題の工夫、生活記録の取り組みなど、授業だけに限らない日常的な実践を『学び合う教室文化』づくりに結びつけるのです」[17]。ここでは、狭い意味での授業技術や方法を超えて、学校や学級における生活づくり全体を通して子どもたちの学びの文化をつくり出す必要性が提案され、ノートの取り方や家庭学習の仕方としての「教科日記」や帰りの会でのふりかえり、あるいは教室空間のデザインへの子どもの参加などを通した日常的な教室文化づくりのあり方が提案されている。こうした文化づくりの実践は、前年度まで「発言することが少なくて、どんよりしたかんじ」だった授業を「発言することや、友達と考えることが多くなって、すこしあかるくなったような気がします」という印象へ変え、お互いに意見を述べたり、「わからない」を授業で出したりすることを可能としていったとされる[18]。ほとんど固定されたメンバーで構成された学級組織において展開される授業はその硬直性が批判の対象として挙げられがちであるが、授業の文化づくり的側面への注目は、学級における生活と学習の統一的な指導を通してこそ、子どもたちの学びに対する姿勢や構えが変容していくことを再認識させるものでもあるだろう。

　近年わが国でもアクティブ・ラーニングや「主体的・対話的で深い学び」といった言い方で教授—学習パラダイムの転換が強調され、授業のあり方の見直しが政策的に進められているが、他方でその授業を支える学級づくりについては生徒指導や学習規則に関するスタンダードに基づきながらいっそう「規律＝訓練」型の傾向を強めるという矛盾した状況の広がりも見られる。ド

イツにおける「学級指導と子どもの能動化」に関する議論や古屋による教室文化づくりの実践は、改めて今求められる「学び」のあり方から目指すべき学級のあり方を再考する必要性を提起しているものとして受け止められる[19]。

⑵　「チーム学校」と学級づくり

　学級は教師にとって所与の前提であるだけでなく、つくりだすべき対象として捉えられる。「学級という社会は、教師にとって何より重要な実践的拠点だ、とわたしは思う。小さな社会ではあっても、それを自分の考え方と実践とによって自分の意志でつくりだすことができると思うからである」[20]とされるように、学級づくりは教師の創造性が発揮される「実践的拠点」として捉えられてきた。しかしながら、学級王国と揶揄されたように、教師が自らの学級に子どもを抱え込み、そこで専制的にふるまうことが批判され、「開かれた学級」へと転換することが求められてきた。学級王国への批判は十分に首肯されるものであるし、児童の権利擁護や教師の説明責任が強く求められる時代の中で、学級を「開いておく」ことは確かに重要であろう。また、外国にルーツを持つ子どもや特別な支援を要する子どもなど、学級が内包する異質性がいっそう際立たされ、一人の担任が背負うにはあまりに荷が重い状況が生まれているのも事実である。「チーム学校」が教育政策上のキーワードとなり、学校スタッフの連携協働が強く求められる今日、学級を開いていこうとする傾向は一層顕著であろう。

　しかし他方で、深谷は次のような事例を引き合いに出し、「チーム学校」がもたらす学級づくりへの影響を危惧する。「二昔前のことになるが、教え子が教職に就いた。三年生の担任となった彼女は、教室が暗いので、銀座の伊東屋で模造紙とカラフルな画鋲を購入し、教室の壁紙を一新した。子どもは教室がきれいになったと喜んだが、学年主任に呼ばれ、学年の秩序を乱すなと注意され、壁紙をもとに戻した。（中略―註：引用者）その後、彼女は学級の子と交換日記を始め、どの子にも丁寧なリプライを書いた。これも教頭からやめるように指示された。『他の先生は忙しく、そんなことはできないから、秩序を乱すな』という理由だった」[21]。ここで描かれるのは、学級が開かれ、教職員の連携協働が求められることが、反面として教師や学級のも

つ個性や多様性を排除していくことの危険性である。深谷は決して学校として連携協働することや学級を他の教師に対して開くことを否定しているのではない。学級を学校の下部組織として捉え、学校の方針（スタンダード）に基づいて学級づくりを規制していくのではなく、個々の学級の総合体として学校を捉え、学級担任が改革の原点となり、そうした意欲的な学級の統合体が学校づくりを促進していくような、ボトムアップ型の学校づくりの姿を求めているのである[22]。それぞれの教師の「創意工夫」としての学級づくり＝授業づくりの成果が授業研究の中で交流され、それが学校づくりへと生かされるような「下から」の学校づくりを進めるために、「学級王国」の持つ学校づくり上の意義を再度検討し直す必要があるのではないだろうか。

⑶　「エビデンスに基づく教育」と学級づくり

　最後にエビデンス時代の学級づくりのあり方について言及してみたい。今日の教育改革を方向づける大きなキーワードの一つが「エビデンスに基づく教育（Evidence-based-Education）」である。「エビデンスに基づく教育」というキーワードのもと、教育政策上の決断を「エビデンス（科学的根拠）」に基づいて行うという意味合いだけでなく、PISAを契機としながら、教育実践を「エビデンス」に基づいて実践し、その成果を実証的に評価するシステムが強く求められてきている。こうした要求は授業づくりにとどまらず、学級づくりのあり方にも影響を及ぼしつつある。例えば、筆者らが小学校教員への聞き取り調査から明らかにしたように、子どもの生活、いじめ、自己肯定感に関するアンケート、あるいは子どもや保護者による学校への要望の調査などを通して、学級の状態や子どもの声を数字として「見える化」し、学級経営の指針として活用していく動向がすでに学校現場に浸透しつつある[23]。また各学校単位での取り組みを超えて、子どもへのアンケートから学級の状態を分析・診断する試みとしてQ-Uテスト（Questionnaire-Utilities Test）も全国的な規模でかなりの広がりを見せている。Q-Uは学級の状況を、質問紙調査の結果に基づいて、満足型の集団、かたさの見られる集団、ゆるみの見られる集団等に類型化し、それぞれの類型別に授業の工夫の指針（例えば、かたさの見られる集団における授業展開の鉄則としては、取り組みやすいことからスタートする、ワンパターンの授業展開にしない、といった指針）を示してく

れる[24]。数値化された情報をもとに学級のあり方を再考すること自体は、(アンケート実施の労力は忌避されつつも)それまで感覚的にしか把握できていなかった課題や気づけていなかった問題を発見させてくれることもあるし、そもそも学級についてのアセスメントから出発することは教育実践の基本でもある。その意味で、学級の状態の客観的把握を求める動向を一面的に否定することはできない。

　しかし、アンケートに基づく学級状態の分析という手法は、子どもを「調査の対象」という受動的な存在に位置づけやすいことに注意する必要があろう。調査結果を分析し学級や授業の望ましさを判断するのは教師(あるいは部外者)であり、その判断が子どもに適用される。そこでは、子どもたちは教師の意図や行為の客体に位置づけられ、子どもたち自身が学級づくりの主体から遠ざけられていく危険性も併せ持っている。

　このような「エビデンスに基づく学級経営」の両義性をふまえた時、例えばドイツのヘッセン州で行われている学級風土質問調査の活用法は興味深い。ヘッセン州が刊行している学級風土質問調査の説明書には次のような記述がある。すなわち、「(学級風土の診断の―註：引用者)次のステップで重要なことは、生徒たちに共に責任を負わせ、改善のプロセスの制御と構成に関与させることである。それゆえ、データの解釈に生徒たちを参加させ、状況改善のための共同の措置を計画し、設定された目標がどの程度達成されているか時々に振りかえる事が重要である」[25]。ここでは、質問紙調査から得られた情報を教師が使うためだけでなく、それを子ども自身が読み解き、学級の改善に子どもたちを主体的に関与させる必然性が強調されているのである。今後も、「アカウンタビリティ」の要求の中で、学級づくりという不透明で不確実な営みを透明化させる試みは拡大していくことが予期されるが、「そのことがかえってマニュアル化されサイクル化された科学的な経営管理の手法を過剰に引き入れ、『評価される』ということを前提に『逆向きの』学級経営を推し進めてしまうこともある」[26]。学校教育に侵入してくる「エビデンス」へのアレルギー的拒絶でも無批判な信頼でもなく、子どもと教師がともに進める学級づくりのための「エビデンス」の活用のあり方を構想していくことが、今後の学級論の大きな課題となっていくと考えられる。

註

1 ）「学級」概念はそれ自体が多義的なものであるが、本稿では国民教育制度の成立以来、学校教育の基本的形態となった学年制学級（Jahrgangsklasse）を念頭に置いて論じていく。

2 ）「学級で教えること」の歴史的発展過程については、熊井将太『学級の教授学説史—近代における学級教授の成立と再編—』渓水社、2017年を参照のこと。

3 ）吉本均『ドラマとしての授業の成立』明治図書、1982年、105頁。

4 ）吉本均「学習集団研究の展望と課題」『現代教育科学臨時増刊 教育方法研究年鑑七七年版』明治図書、1977年、107頁。

5 ）Helmke, A.: *Unterrichtsqualität und Lehrerprofessionalität. Diagnose, Evaluation und Verbesserung des Unterrichts.* Kallmeyer: Klett, 2009, S. 175.

6 ）SCHOLASTIK-Studie（Schulorganisierte Lernangebote und Sozialisation von Talenten, Interessen und Kompetenzen）とは、ヴァイネルトとヘルムケによって行われた、最適な学級（Optimalklasse）の要因を分析した実証的研究である。1987年から1991年の間、54の基礎学校の学級を対象とした調査が行われ、その中で学習成果に対して学級指導が最も強い影響を及ぼしていることが指摘された。

7 ）Helmke, *a. a. O.*, 2009, S. 174.

8 ）Hattie, J.: *Visible Learning. A synthesis of over 800 meta-analyses relating to achievement.* London and New York: Routledge, 2009, pp. 102-105.

9 ）詳細については、熊井将太「PISA後ドイツの学力向上政策における学級指導・学級経営の位置づけ—各州の『参照枠組』『方向枠組』の検討から—」『山口大学教育学部研究論叢　第３部』第68巻、2019年、73-86頁を参照のこと。

10）Helmke, *a. a. O.*, 2009, S. 173.

11）Ebd., S. 177.

12）Apel, H.-J.: *Herausforderung Schulklasse. Klassen führen - Schüler aktivieren.* Bad Heilbrunn: Klinkhardt, 2002, S. 84.

13）Ebd., S. 103.

14）「学級指導と子どもの能動化」として定式化される議論の展開の中で、日本の数学の授業が注目されていることは興味深い。アーペルによれば、ドイツの授業では発問や支援は特定の生徒に直接的に向けられており、他の生徒の非能動化（Deaktvierung）を引き起こしているのに対し、日本の授業では、教授者が指示を与え、生徒の自己組織的な学習を促す（「相互作用的な学級教授」）ことで、学級の全ての生徒に解決を試みることを要求している点が高く評価されている（ebd., Ss. 128-129）。

15）白松賢「アメリカにおける『学級』—規律・訓練から、コミュニティ・文化の創造へ」『児童心理』金子書房、2017年４月号（No.1038）、104頁。

16）例えば、Evertson, C. M., Neal, K. W.: Looking into Leraning-Centered Classrooms. Implications for Classroom Management. In: *National Education Association* – Best Practises Working Paper Juli, 2006など。

17）古屋和久『「学び合う教室文化」をすべての教室に—子どもたちと共に創る教室文化—』

世織書房、2018年、15頁。

18）同上書、161-164頁参照。

19）ただし、その「学び」のあり方を構成主義的学習観やアクティブ・ラーニングに求め
ることについては慎重である必要がある。学習パラダイムへの転換の過度な強調は、
伝統的な授業を保守的なものと扱い、その唯一のオルタナティブを「進歩主義的な学
習」に見出す二項対立の図式に囚われている。これに対して、今日の教育論において
「teachingandlearning（教え学び）」という一語で捉えられるほど教えることと学ぶこ
とが密接な関係にあることを問題視し、学習から切り離す形で「教えることの再発見」
の必要性を説くビースタ（Biesta, G.）の議論は示唆的である。ビースタは、「統制と
しての教授という考えに対する応答として提唱される選択は学習の考え方であり、具
体的に言えば、意味形成や意味作用としての学習の考え方であるが、それは意味作用
の行為において、学習者が主体として現れることができない点で同じ問題に直面する」
（ガート・ビースタ著、上野正道監訳『教えることの再発見』東京大学出版会、2018年、
89頁）と指摘する。意味作用は自己から発し、自己へと回帰するエコロジカルな構造
をもっており、自己が適応しようとする環境に相対する客体のままであり続ける。そ
こでは「自己が適応しようとする環境が、自己が適応すべき環境であり、適応する価
値のある環境であるかどうかという疑問は、けっして生じない」（同上）とされる。
学習や学級での生活を子どもに開き、ゆだねるだけで子どもの主体化が果たされるわ
けではない。むしろ外部から「教えられること」をとおしてこそ「主体であること」
が立ち現れると考えられている。この意味で、何を何のために教えるべきかといった
教育内容に関わる規範的な問いや教師が子どもに働きかけていく指導行為の重要性は
再認識されなければならない。

20）吉本、前掲書、1982年、130頁。

21）深谷昌志「『学級王国』という教育遺産をどう見るか」『児童心理』金子書房、2017年
12月号（No. 1050）、114頁。

22）同上、116頁。

23）杉田浩崇、熊井将太「『エビデンスに基づく教育』に対する教師の応答のあり方」中
国四国教育学会編『教育学研究紀要』（CD-ROM版）第63巻、2018年。

24）河村茂雄『授業づくりのゼロ段階―Q-U式授業づくり入門―』図書文化、2010年。

25）Institut für Qualitätsentwicklung(IQ)(2010): Fragebögen zum Klassenklima. 2010, S.
10. (https://kultusministerium.hessen.de/sites/default/files/media/frageboegen_
klassenklima.pdf) (2018. 09. 26)

26）生澤繁樹「学級経営を『哲学する』」末松裕基、林寛平編著『未来をつかむ学級経営
―学級のリアル・ロマン・キボウ』学文社、2016年、94頁。

（熊井　将太）

第2章

子ども集団づくりの行方

はじめに

　戦後の集団づくりの理論と実践は、教科外活動の領域を中心に、主導的な役割を果たすとともに、教科外活動だけでなく、授業における陶冶と訓育の統一の視点から[1]、授業における学習集団の形成も視野に入れて、大きな発展を遂げてきた。

　その具体的な実践形態は、「仲間づくり」といわれた生活綴方を基盤に置いた学級づくりの実践から、さらには、「生活綴方的生活指導」と「集団主義的生活指導」との間の論争を経て、全国生活指導研究協議会（以下、全生研と略す）が提唱した、集団の発展のすじみちにもとづく学級集団づくりを中心に発展してきたといわれている[2]。

　そこで、この小論では、この全生研における集団づくりの理論と実践とがどのような発展の経過をたどったのかを概観するとともに、子ども集団づくりをめぐる今後の課題について検討を試みたい。

1　子ども集団づくりの研究の軌跡

⑴　学級集団づくりの理論と実践をめぐる研究の経過
1）学級集団づくりから子ども集団づくりへ

　全生研の学級集団づくりの理論と実践をめぐる研究の特質を検討していく上で、大きな特徴になっているのは、全生研の常任委員会による入門書の出版が大きな位置を占めていることである。常任委員会による入門と銘打った著作の出版は、『学級集団づくり入門』（1963年、以下、初版と略す）、『学級集団づくり入門第二版』（1971年、以下、第二版と略す）、『新版学級集団づくり

入門小学校編』(1990年)、『同中学校編』(1991年、以下、新版と略す) を経て、2005年に、全生研常任委員会による『子ども集団づくり入門—学級・学校が変わる—』(以下、新入門と略す) が出版されるという経緯をたどる[3]。これらの入門書の出版は、その時々の全生研の理論と実践を常任委員会が中心となって総力を挙げて総括したものであり、「生活綴方的生活指導」と「集団主義的生活指導」との間の論争から続く集団づくり論の系譜の延長線上にあるものであるとともに、現在の時点での集団づくり論の探究の到達点を示しているものでもある。つまり、先に述べた全生研の研究のスタイルと特質からしても、全生研の研究運動のなかで、「基本文書」(かつて言われたようにバイブルではないにしても) として、非常に重要な位置を占めることは言うまでもない。

　同時に、新入門の出版以降、既に15年近くの時間の流れがあることから、新入門出版以降の全生研の理論と実践の展開をどのように総括するのかという課題も残されているといってもいいだろう。そして、さらにいえば、新自由主義と新保守主義の教育政策の暴走のなかで、日本の学校の公共性が投げ捨てられようとしている時に、どのようにして公共の場としての学級や学校、さらには子どもや市民の生活台としての地域を守り、発展させていくのか、その戦略・戦術を解明することも、また、こと全生研という一民間教育研究団体の課題だけでなく、日本の多くの教師や市民から期待されていることだといえる。

　では、1959年の全生研の結成と初版出版以降の研究活動は、果たしてこうした歴史的・社会的課題に応えきれているのであろうか。

2) 検討の視点

　このように、これらの入門書は、全生研の研究運動史のなかで各々エポックをなすものであり、その時々の多くの課題が課せられているのであるが、各々の入門書とその系譜の全面的な検討は、今回の紙数では不可能である。そこで、この小論では、第一に、集団づくり像、第二に、集団づくりと技術、第三に、学びと集団づくりの三つの視点から検討を行うことにしたい。

⑵　子ども集団づくりと＜集団づくり像＞
１）集団はどのように規定されているか

　全生研は、生活指導という教育的営みを、主として、集団づくりという実践形態を基礎にして行ってきた。したがって、上述の「基本文書」には、集団をどのようにとらえるかについての記述が必ず存在している。

　たとえば、全生研の研究運動のなかで、学校現場に最も大きな影響を与え、その集団づくり論の特質を明らかにしたと言われている第二版では、民主的な集団について単一の目的、組織と機関、規律という三つの要素を指摘している[4]。また、別のところでは、大西忠治氏の規定を引用しながら、集団を次のように規定している。すなわち、「⑴目的がある。目的に向かっての一致した集団行動がつねに問題になる。⑵リーダーがある。そこには常に命令と服従が行われる。⑶集団成員間に矛盾がある。だからたえず討議とその結果の相互規制が行われる。」[5] というものである。この２つの規定はもちろん対応している。

　では、新版ではどうか。たとえば、新版小学校編では、第二版の規定を基礎にしながら、集団を三つの側面から規定している。第一に、「集団には統一的な目的があり、その目的の実現のための統一的な行動がある」という側面である。第二に、「集団における自己指導」の側面である。第三に、集団には「集団と個人の関係がある」という側面である[6]。この新版の集団の規定は、脚注によると、第二版の規定の⑴と⑶の要素が統合されて、第一の側面となり、新たに第三の側面である「集団と個人の関係」が付け加えられたものだという。ここで、後に見るように、新入門で強調されている関係（性）という視点が導入されていることに注目されたい。

　また、第二版の規定の⑴と⑶の要素が統合されたのは、推測するに、その方が論理的であることと、単一の目的という要素が、一方的に上から与えられるものと理解されると、集団は硬直化した「団体」に成り下がるという問題意識からではないか。だからこそ、新版は、別のところで、集団とは「対立しつつ、統一していく自主的な運動体である」[7] という規定を行ったのではないか。

　それに対して、新入門は、こうした集団の規定はない。ないということは、これらの規定を否定しているのか。

　また、この問題と関わって、かつて全生研では批判的に取り扱ってきた「学級づくり」という用語が何の説明もなく採用されていること、また、「学級集団づくり」という用語については、それに代えて「子ども集団づくり」という用語が採用され、学級集団づくりから子ども集団づくりへと「発展的に継承する」と指摘されるとともに、「学級における子ども集団づくり」という用語が使われているが、「生活綴方的生活指導」と「集団主義的生活指導」との間の論争以降、生活綴方を基盤に置いた学級づくりに対置する形で一貫して使用してきた学級集団づくりという用語を変更した点[8]については、注目しておく必要がある。

　なお、こうした新入門における子ども集団づくりという用語の採用には、全生研の近畿地区全国委員連絡会編『共同グループを育てる―今こそ集団づくり―』（2002年）の影響が考えられるが、詳細な検討は本稿の目的を逸脱するので、ここでは差し控えておきたい[9]。

2）集団、集団づくりの規定と関係性

　新入門の記述のなかで、あえて集団の規定を探せば、次のような記述と出会う。すなわち、「生活世界の共同の実践者であり未来の市民である子どもたちの関係性を全生研では＜子ども集団＞としてとらえています」[10]というものである。また、「子ども集団づくりとは、こうした子どもたちの関係をより人間的な関係にしていく営みであ」[11]るという規定もある。つまり、集団及び集団づくりは関係性の問題だとされているのである。新版でひとつの側面として導入された関係性という視点が、全体へと拡張されていることがわかる。他方で、第二版などで強調されていた、単一の目的や組織と機関、自己指導という要素や側面は規定されていない。集団づくりのあり方を検討するのに、これまで第二版や新版で議論されてきた集団そのものの規定を廃することがいいのかどうか、検討が求められるところである。

⑶　子ども集団づくりと＜技術＞の視点

1）全生研における技術観 ―― 技術と思想の関連 ――

　全生研の理論と実践の特徴は、次に、その技術観やそのとらえ方にある。戦後の教育実践研究において、教育技術をどうとらえるかやそれを研究上どう位置づけるかは、大きな論争点の一つであった。それは民間教育研究運動

においても同じで、とりわけ民間教育研究運動で教育技術を強調することは、官製の研究の技術主義的傾向を批判するのと同じ文脈で「技術主義」と見なされるところがあった。全生研も、こうした視点から、技術主義という批判を受けてきた歴史がある。とりわけ、その象徴となっているのがいわゆる「構造表」[12] である。しかし、全生研で教育技術を論じる場合は、常に＜技術＞と＜思想＞の関連のなかで問われてきた点にもっと注目がなされる必要がある。すなわち、技術は中立と言われるが、全生研においては、どのような技術とその使用にも、その裏側にどのような思想を持っているのか、言い換えれば、その技術を使う教師のねらいとその思想性を常に問うことが追究されてきたのである[13]。

2）集団づくりのすじみちの位置づけ

こうした全生研の技術観及び具体的な教育技術を大きく規定しているのは、集団を発展的にとらえる集団観やそれにもとづく集団づくりのすじみちという考え方である。それに基づいて、初版から新版までは、このような集団の発展段階や集団づくりのすじみちが中心的に位置づけられていた。しかし、新入門になると、第二版や新版などにある集団の発展段階やそれにもとづく集団づくりのすじみちに関する記述が削除されたのである。

具体的には、全生研は、主導権（ヘゲモニー）の所在を視点にして、よりあい的段階、前期的段階、後期的段階という三つの段階によって集団づくりのすじみちを構想してきた。しかし、新入門は、「教師の指導性や集団の発展像も、定型のモデルがあるのではなく、共同化の取り組みの具体的な展開に応じて多様かつ個性的なものとなる」[14] と判断して、こうした規定を避けたのだと思われる。

こうした第二版や新版などの集団の発展やすじみちの規定の背景には、集団には個人の発達と相対的に固有の発展の法則性があるという認識が存在しているが、新入門はこのうした記述を削除したという点を考えると、このような子ども集団に貫いているその発展の科学的な法則性という認識と立場に必ずしも立っていないということになる。つまり、集団の指導ではなく、＜つくり＞といってきたことの意味とその位置づけである。

こうした認識論的立場は、ポストモダン思想の影響のもとで広がった科学主義への批判が影響しているように思われる。しかし、科学とそれに裏打ち

された科学的認識を否定すると、場合によっては、不可知論の立場になってしまう。確かに個々の実践レベルでいえば、集団の発展は「個性的なもの」であるが、モデルという認識は、それらを抽象化・普遍化したものである[15]。当然個々の具体的な実践の事例とのずれは出てくる。しかし、だからこそ、個々の実践の違いを超えて、私たち教師は見通しを持って実践できるのではないか。

3）集団の発展段階の即した技術の位置づけ

全生研の集団づくりの技術は、典型的には「構造表」に示されているように、よりあい的段階、前期的段階（一期、二期、三期）、後期的段階という集団の発展段階と、班づくり・核づくり・討議づくりという集団づくりの三つの側面にもとづく、集団づくりのすじみちに一つひとつの教育技術が法則的な認識と順序性によって位置づけられているのが特徴であった。先に、新入門における集団づくりのすじみちの削除は、科学主義批判の影響があるのではないかと指摘したが、確かにこうしたすじみちという認識や「構造表」的な発想は、これらが作成された1960年前後の民間教育研究団体が主導した「科学と教育の結合」による教育改革の追究のもとで行われたということができる。

しかし、法則的認識を認める立場に立つことは、そうした認識によって順序づけられた教育技術を機械的に順番に適用していくということではないはずである。しかしながら、集団の発展段階と集団づくりのすじみちを否定すると、かえって個々の教育技術は位置づけが不明確になり、ばらばらになる危険性があると考えられる。

また、新版でいえば、先述した集団の三つの側面と討議づくり、リーダーづくり、班づくりという三つの方法的側面とが対応するという構造になっているのに対して、集団の発展段階や集団づくりの明確な規定のない新入門では、「班活動を含む多様な共同の展開とそのネットワーク」「リーダーシップ―フォロアーシップの創造」「対話・討論・討議、学び」という側面とそれらに関する教育技術を何によって根拠づけることができるのであろうか。また、これまで「班・核・討議づくり」という用語法が使われてきたが、それは班づくり・核づくり・討議づくりという三つの側面がばらばらではなく、密接不可分な関係にあることを示していた。しかし、この用語が新入門では

採用されていないということは、上記の三つの側面の関係が必ずしも相互性を有していないということになる。つまり、三つの側面とそこに含まれている個々の教育技術の独立性が強調されているということになろう。

⑷　子ども集団づくりと＜学び＞の視点
１）学習集団の形成から学びによる集団づくりへ

　全生研の集団づくり論は、最初にも指摘したように、初版の段階から教科外活動の領域だけでなく、授業における学習集団の問題を一貫して追究してきた。それは、第二版の学習集団論をめぐって、春田正治氏と吉本均氏の間で行われた春田―吉本論争など多くの争点を生み出しながら、理論と実践の発展をつくり出してきた。そこでの学習集団の有り様は、教科外活動の領域での自治的集団づくりを基盤において追究される学習集団だけでなく、教科固有の認識方法の習得による学習集団の形成など、様々なアプローチが試みられてきた。

　他方、新版の出版を前後して、学習指導要領の改訂で教科外活動の領域の内容と時間数が精選・厳選されるなかで、学びによる集団づくりの可能性が議論されるようになった。これは、小川―宮坂論争において批判的に総括された教科指導における生活指導の再考と宮坂哲文氏の「学習法的生活指導」の再評価の問題が根底には存在している。

　このような竹内常一氏による集団づくりにおける学びの視点の導入は、新版で行われた討議づくりの拡張・豊富化の延長線上に位置づけられ、学びは子ども集団づくりの実践過程に内在するものであり、その質が集団の発展に大きな影響を与えるとされてきたように思われる。したがって、ここで言う学びはもちろん授業と同義ではない。しかし、こうした学びの視点の導入が、一部では全生研の実践が集団づくりでなくなったという議論を生み出してきたのも事実であり、集団づくりとは何かということが改めて問われることになったのである[16]。

２）今日の学びをめぐる状況をどうとらえるか

　このような子ども集団づくりと＜学び＞の視点をめぐる議論の展開のなかで、新入門は、今日の学びの現状について、＜級＞と＜組＞という視点から、「習熟度別授業の導入に象徴されるように、学級の＜級＞としての側面が弱

体化されつつ、能力主義的・個人主義的な文脈での学習が強調されている」[17]と分析しているが、それは視点を変えると、学級集団のなかに存在している多様な＜級＞の顕在化であり、その強化ではないかと思われる。

　だとするのであれば、学習集団の原点である同一の年齢集団で学び合う「学級教授組織」の思想にまで立ち戻り、改めて学級で学ぶことの意味を問い直していくことが求めれている。

3）＜級＞の顕在化への実践的切り込みを

　こうした今日の学級における複線的な＜級＞の強化の背景には、新自由主義と学びの市場化による子どもたちの多様な＜級＞の顕在化という現象がある。全生研の実践は、できる・できないの違いが出にくい社会科や総合学習などでは成果を上げてきたが[18]、違いが出やすい算数などはこれからである[19]。差異を超える共同を可能にする教材や授業の開発にもっと切り込んでいく必要がある。

2　いま求められる子ども集団づくりの実践の構図

⑴　集団づくりの再定義の必要性

　これまでの子ども集団づくりの研究の軌跡の検討を踏まえた上で、まず、集団づくりとは何かについていま改めてどう再定義を行うかが問われている。子どもや学校が大きく変化し、さらには、人権や民主主義の新しいあり方が国際的に模索されているなかで、私たちはどのような集団像を打ち立て、どのような子ども集団づくりの理論と実践を創り出していくのか。以下、いくつかの検討視点について述べてみよう。

⑵　個人指導と集団指導の結合

　子ども集団づくりの指導は、基本的は、個人に対する直接的な指導としての個人指導と、集団全体に対する指導としての集団指導の２つから構成される。ただし、重要なのは、両者が全く別々に存在しているわけではなくて、両者をどのように結合させるかということをしなやかに、したたかに追究するところに、子ども集団づくりの実践の独自性がある。

　ある困難を抱えている子どもがいたときに、いきなり集団全体とかかわら

せてもトラブルばかりが生じる可能性があるので、教師がまずその子どもと信頼関係を構築しつつ、その子どもを集団へ開いていく、つまり、集団指導との結合を模索する。たとえば、その子どもが集団と上手く関われるように、その子どもが得意な活動やみんなが楽しめる行事を用意して、出会いのチャンスを創り出す。また、そうした活動や行事のなかで、その子どもの優しさやがんばりが見えてくれば、それを集団全体に投げ返していって、集団の側が持っているその子についての悪いイメージ（「○○さんって、いつも悪いことばっかりするんだ」等々）に揺さぶりをかけていく。（個人指導→集団指導）

　あるいは、そのような集団全体での活動や行事のなかで、頑張ったところは、個別に呼んで評価をするとともに、みんなもそのことを認めてくれていることを伝える。そうすると、自分も認められているという安心感がその子どもに生まれてくる。また、トラブルが生じた場合、個別にその子どもに相談に乗ってあげるなど。（集団指導→個人指導）

　このように、個人指導と集団指導を柔軟に、言い換えればしなやかに、したたかに組み合わせながら、個人と集団の双方の発展を創り出していく、── これが子ども集団づくりの実践なのである。

⑶　集団づくりにおけるケアの視点 ── 教師のケアから子ども集団のケアし合う関係へ ──

1）子どもたちはケアと応答を求めている

　子どもたちは、今日の様々な困難のなかで、ケアの視点を持った実践が必要になってきているのであるが、問題は、それを教師の個人指導としてだけ執り行うのかということである。

　その点で、参考になるのは、イギリスのいじめ対策で、カウンセリングからピア・カウンセリングへの転換が押し進められ、成功しているということである。ピア（peer）とは、元々「仲間の」という意味があり、そこから転じて、「横並びの」という意味合いが生まれてくると思われるが、つまり、ピア・カウンセリングとは、仲間による横並びのカウンセリングのことをいうのである。これは、ともすればカウンセラーやセラピストと子どもとの権力関係が生じる危険性を排除するとともに、カウンセリングを子どもたちの関係性に投げ返すことによって、カウンセリングの機能そのものを子どもた

ちの日常の生活のなかに埋め込み直すことを可能にする。

２）ケアし合う子ども集団を生み出す

　このようなカウンセリングからピア・カウンセリングへの転換という発想を取り入れることによって、子どもはケアの対象にとどまるのではなく、同時に主体にもなり、さらには、「する側―される側」と関係が固定化されるのではなく、関係が流動化し、交互に転換していくことになる。つまり、教師がケアするだけでなく、子どもたち同士がケアし合うという視点を大切にするという立場であり、それは「励まし合い、支え合う集団」を育てるという集団づくりの立場とも一致するのである。

　そして、ケアするというのは、単にやさしい言葉をかけるとか、受け止めるということばかりではなく、場合によっては、励ましたり、批判をしたり、一緒に共同行動に立ち上がったりすることも含まれてくるだろう。ということは、ケアし合う関係という発想を取り入れるということは、「共感・共闘・共生する子ども集団」を生み出すという実践のテーマとかなり重なってくることになる。さらにいえば、生活綴方が持っていたケアの視点を改めて継承するという課題にも重なっていくのだ。

⑷　ケアと自治を結合させた集団づくりの地平へ

１）子どものなかに広がる「包摂／排除」の政治力学

　いま、貧困や格差社会化が大きな社会問題になるなかで、社会政策における「包摂」と「排除」のあり方が問われている。ここでいう社会的な「包摂／排除」とは、共同体における「内」と「外」との線引きにかかわる問題で、一言で言えば、「包摂」が市民社会の構成員である市民を、共同体の「内」側に取り込むことを指しているのに対して、「排除」は共同体の「外」側に排斥していくことを意味している。

　わが国の戦後の社会政策で見てみると、その流れを大まかにスケッチするならば、福祉国家政策は市民の「包摂」を志向していたのに対して、福祉国家政策を「大きな政府」と批判し、「小さな政府」を目指して、構造改革を推し進めた新自由主義政策は、競争原理を介して、国家が求める「強い個人」になれない市民は、排除していくことを志向していたということができる。その結果として、国家の社会的顧慮を受けるチャンスから投げ捨てられた

ホームレスやワーキング・プアなどの少数者（マイノリティ）の問題が生じてきたといってよい。

　こうした「包摂／排除」の問題は、新自由主義政策が教育政策としても採用されるなかで、社会の縮図としての学校や教室のなかでも、政治力学として作動し、「日常の風景」として現前化してきた。すなわち、こうした「包摂／排除」の政治力学が教室の子どもたちの関係性のなかに色濃く反映しているのが今の子どもたちが生きる生活現実だといってよい。

２）すべての子どもに居場所を保障する ── 「包摂／排除」の政治力学を越えて ──

　このような教室のなかにある「包摂／排除」の政治力学を越えて、子ども集団づくりを進めていくためには、第一に、排除されがちな子どもも含めて、すべての子どもに居場所を保障するということである。居場所とは、子どもがもっとも安心できる、心の拠り所であり、心理的な拠点を意味しているとともに、一人ひとりの持ち味・「個性」に応じた出番があり、自己実現が実感できる場所のことである。こうした居場所は、自分の力ですぐに創り出すことができる子どももいるけれども、全くできない子どももいる。だからこそ、これをすべての子どもに保障する教師の指導が重要である。つまり、排除される子どもをつくらないというのは、公共空間の基本的なあり方の一つである。この点から、班やチーム・ホーム制、さらには、ボランティア・グループなどの教室の組織のデザインは、重要な意味を持ってくる。

　また、こうした指導を貫いてはじめて、教師の主導権はすべての子どもの第一次集団（居場所集団）の支持と納得を調達することができ、それに基礎づけられて、確立されるのである。このように見てみると、子どもの居場所集団の保障は、前自治的段階の中心的な実践課題の一つであり、教師の主導権の確立と表裏をなす[20]。

３）少数者の問題を浮かび上がらせ、公的に取り組む

　すべての子どもに居場所を保障しようとすると、先にも指摘したように、排除されがちな、居場所を創り出すのが困難な子どもの問題が浮かび上がってくる。子ども集団づくりの実践が発展して、多くの子どもが教室に居場所を持ってきたということは、様々な政治力学のなかで、居場所を持てていない子どもは既に少数者ということになる。したがって、居場所が持てていな

い少数者の問題を公的な問題として取り組む実践が本格的に展開することができれば、自治的段階への移行というテーマが見えてくる、ということになる。

　現代の子どもの変容は著しく、実践は決して容易ではないが、誰も排除せず、子どもたちが求めるケアの視点を改めて私たちの集団づくりの実践のなかに位置づけ直して、子どもたちとともに、新しい子ども集団づくりによる自治の実践の「地平」へと私たちの歩みを進めていくことが求められているのである[21]。

註

1 ）吉本均著『授業と集団の理論』明治図書、1966年参照。
2 ）日本教職員組合編『私たちの教育課程研究　生活指導』一ツ橋書房、1968年、春田正治著『戦後生活指導運動私史』明治図書、1978年、同著『生活指導とは何か』明治図書、1981年などを参照されたい。また、春田氏は『戦後生活指導運動私史』のなかでは、生活綴方的学級づくりと集団主義的学級づくりという言い方もしている。
　なお、筆者は上記の著作に代表される「生活綴方的生活指導」から「集団主義的生活指導」への移行、発展というとらえ方ではなく、生活綴方には生活綴方固有の「集団づくり」論があると考えている。
3 ）全生研常任委員会著『学級集団づくり入門』明治図書、1963年、同『学級集団づくり入門第二版』明治図書、1971年、同編『新版学級集団づくり入門小学校編』明治図書、1990年、同編『新版学級集団づくり入門中学校編』明治図書、1991年、同編『子ども集団づくり入門―学級・学校が変わる―』明治図書、2005年参照。
4 ）全生研常任委員会著、前掲書、1971年、54-55頁。
5 ）同上書、75頁。
6 ）全生研常任委員会編、前掲書、1990年、65-66頁参照。
7 ）同上書、52頁。
8 ）全生研常任委員会編、前掲書、2005年、61頁参照。
9 ）全生研近畿地区全国委員連絡会編『共同グループを育てる―今こそ集団づくり―』クリエイツかもがわ、2002年参照。なお、同じ子ども集団づくりを言う用語を使っていると言っても、新入門と『共同グループを育てる』の子ども集団づくりの概念及びその指導構想は大きく異なっている点は、指摘しておきたい。
10）全生研常任委員会編、前掲書、2005年、61頁。
11）同上書、3-4頁。
12）「構造表」は、初版及び第二版に掲載されているが、元々この構造表を作成したのは、大西忠治氏を中心とした香川県生活指導研究会（香生研）である。その経緯については、さしあたり香川県生活指導研究会編『復刻　香生研機関誌班・核・討議1965.2-1983.5』私家版、1994年、山内重幸『生活指導の思想』明治図書、1976年などを参照

されたい。

なお、新版においては、この「構造表」は削除されたが、それは「構造表」に示された教育技術を、一人ひとりの子どもの発達と子ども集団の発展を十分みとり、理解すること抜きに機械的に適応することを戒め、避けるためであって、子ども集団の発展段階と集団づくりのすじみちという考え方は、引き続き明確に位置づけられていた点に注意する必要がある。

13) 技術のとらえ方をめぐっては、戦前来の技術論論争において、労働手段の体系ととらえる「手段体系説」と人間の実践における客観的法則性の意識的適用と考える「意識的適用説」という二つの立場があるが、こうして見ると、全生研の教育技術は、両者の統一を志向したものといえるのではないか。

14) 全生研常任委員会編、前掲書、2005年、66頁。

15) 岩崎允胤著『弁証法と現代社会科学』未来社、1967年参照。岩崎氏によると、武谷三男氏の研究を受けつつ、モデルとは、本質と現象を媒介する実体のことを意味している。

16) 二宮衆一・渡辺貴裕「集団と共同による授業の創造―学習集団をいかに形成するか―」田中耕治編著『戦後日本教育方法論史　上巻　カリキュラムと授業をめぐる理論的系譜』ミネルヴァ書房、2017年及び、拙稿「学習集団における『自治』の再検討」『和歌山大学教職大学院紀要　学校教育実践研究』第1号、2016年参照。

17) 全生研常任委員会編、前掲書、2005年、60頁。

18) 典型的な実践として、中野譲氏の実践がある。詳しくは、中野譲著『地域を生きる子どもと教師―「川の学び」がひらいた生き方と生活世界―』高文研、2017年などを参照されたい。

19) 渡辺恵津子「九九を覚えていなくてもわり算はできる―系統性を超え学びのバイパスをつくる―」岩川直樹・汐見稔彦編『「学力」を問う―だれにとってのだれが語る学力か』草土文化、2001年参照。

20) 全生研近畿地区全国委員連絡会編、前掲書、参照。

21) 拙稿「現代の子ども支配の構図と集団づくり実践の課題―『包摂と排除の力学』を越える―」『和歌山大学教育学部紀要―教育科学―』第67集、2017年、及び、同「子どもたちを分断する『包摂と排除の境界線』を越える集団づくり―異質な者同士がつながり直す『境界越え』の実践の可能性を探る―」『和歌山大学教育学部紀要―教育科学―』第68集第2号、2018年参照。

（船越　勝）

第3章

批判的リテラシー研究におけるリテラシー
—— 概念の特徴と教育実践の展開 ——

　「教科をとおしての生活指導」を再検討する論考において、竹内は、「子どもはその子なりの、ものの見方、感じ方、考え方を授業のなかにもちこんでくるという事実」を踏まえ、その「ものの見方、感じ方、考え方を授業のなかでも引きだし、それらとむすびつけて教材を再構成し、その教材を介してそれらを高めていくこと」を提言する宮坂の論考を再評価し[1]、従来の授業づくりの問題点を次のように指摘している。

　まず第一に、授業が、「子ども自身が生活のなかでその子なりのものの見方、感じ方、考え方をつくりだしているという事実」を問題とすることなく、「権力によって『制度化された知』『公定された知』を子どもに注入するものとなっている」がゆえに、「子どもが生活のなかでつくりだしている、世界に開かれたものの見方、感じ方、考え方をおしつぶして」しまっている。第二に、「かくされたカリキュラム」を通して「知を制度化し、公定している権力的文脈のなかに埋没することをよしとするものの見方、感じ方、考え方を子どものなかに刻印」するものになっている[2]。問題点をこう指摘した上で、授業は「教材を媒介にして、ものの見方、感じ方、考え方をつくりだしている子どもの学習過程に介入し、それらをより世界に開かれた知へと高めていく」ものであると提起する[3]。

　さらに竹内は、「新しい学力観」とともに「主体的な学習の仕方の育成」が主張された際に、それが「企業化された学校、学校化された企業のコンテクストにおいてのみ通用する学習の仕方、一人ひとりの生活コンテクストから脱文脈化された学習の仕方」を身につけさせようとするものであるがゆえに、学びにおける「自己と現実世界との相互交渉を空洞化」させ、子どもたちは「社会の変化にすすんで自己を適合させていかざるをえなくなる」と批判した[4]。こうした指摘は、「徳目」に縛られる教科「道徳」の授業や、ア

クティブ・ラーニングやコンピテンシー・ベースの教育を介した汎用的スキルの獲得を求める授業が、「制度化された知」「公定された知」へと子どもたちを閉ざすもの、子どもたちの学びにおける「自己と現実世界との相互交渉を空洞化」させるものになっていくのではないかと問うことを求める。授業と学びは、いかに子どもたちが生活の中でつくりだしているものの見方を「世界に開かれた知へと高めていく」ものとするのか、そのことが問われているのではないだろうか。本稿では、このような問題意識をもちつつ、批判的リテラシー教育の特徴について検討したい。

1　リテラシー形成への臨床教育学的アプローチ

⑴　批判的リテラシー論と社会的実践主体としてのエンパワメント

　フレイレ（Freire, P.）の批判的リテラシー教育は、学習者が自ら生きる生活から距離をとり、問いを立ちあげ、生活現実を変えていく主体になることを重要視する。批判的リテラシーとは、自らが生きる生活現実を対象化し、他者とともに生活現実を読みひらいていく実践を意味していると言える。その際、自らの生活現実から隔たりをおいて、それを「注視する」（ad-mirar）ことを深めていく「対話」と「意識化」の過程が重要な役割を果たす[5]。

　こうした特徴をもつ批判的リテラシー教育は、その内に学習者のエンパワメントが構想されている点でも注目される。フレイレの教育思想に着目しつつ、エンパワメントは「権力・権限（power）を簒奪された人びとがそれを奪還し、社会の意思決定に参加しつつ、社会における主権者性（sovereignty）、あるいは人生における原著者性（authorship）を自己形成していくという意味内容を包摂し」た概念として定義される[6]。通常、批判的リテラシー論は、学習者が、「社会の意思決定に参加しつつ、社会における主権者性」を恢復する「政治的エンパワメント」に焦点が当てられる。それゆえに、子どもたちに「権利としての参加」を保障し、子どもたちの側から生活現実が抱える課題に応答し、生活現実の再構成に関与する社会的実践が構想される。例えば、子どもたちが地域の現実に目を向け、悪臭が漂う小川を問題化し、小川の汚染がどんな要因によって進んでいるのか、生態系がどのような影響を受けているのかを調査すると共に、その結果を市長に提起するといった教育実

践が、批判的リテラシーを形成する実践として展開される[7]。リテラシーの形成過程は、教室での学校知の獲得を越え、社会的課題を探求していく過程の中に位置づけられる。

　機能的リテラシー論との関係で言えば、機能的リテラシー論も、日常生活で生きて働き、人びとの社会参加を保障し、豊かな生活の実現のために求められるリテラシー形成を提起するものであったが、批判的リテラシー論は、既存社会への適応的な参加ではなく、「既存社会のあり方を問いなおす視座をリテラシーの中に実現する」ものであると捉えられるのである[8]。

⑵　批判的リテラシー論に内在するナラティヴ・エンパワメント

　以上のように、フレイレの批判的リテラシー教育は、「沈黙の文化」に生きる人びとが、「対話」を可能とする社会的関係を媒介にして、社会に批判的、創造的に参加する政治的エンパワメントの過程が探求されていると言える。批判的リテラシー教育はこのようなエンパワメントの層において構想される。

　他方で、フレイレの批判的リテラシー教育には、学習者の政治的エンパワメントのみに還元されえない、重要なエンパワメントのモメントがある。その点を強調してフレイレの教育思想を捉えようとするのが、臨床教育学的な着眼をもってフレイレを再評価していく庄井である。すなわち、権力・権限を簒奪されている人びと、ひとり苦悩し、困難を抱える人びとが、「聴きとり、語りあう」場と関係を得ることによって社会的、心理的にエンパワメントされる過程を前景において捉えるのである。ヴィゴツキー（Vygotsky, L. S.）とともに、フレイレの教育思想においても、その根源にはナラティヴ・エンパワメント理論への萌芽がある[9]。フレイレは、学習者が生活する地域に入り込んでことばを集めて教材化し、それを媒介として対話することを通して、学習者が生活を語り直すことを重要視した。教師は、子どもたちが見ている世界をともに見ようとしながら伴走し、子どもたちが共存的な他者を得ることによって徐々に自らの語りを立ちあげていくその先に、批判的な社会参加が展望されるのである。

　また、こうした研究動向からリテラシー形成との関連で着目すべきことは、リテラシー形成が子どもたち一人ひとりの自己物語の語りや語り直しの過程

として捉えられていることである。あるテーマや出来事、ある作品や人びと
に出会い、そのことについて語っている子どもの中に、その子どものどのよ
うな生きられた物語が語り合わされ、語り直されているのかが捉えられてい
く。後述する原田の実践記録においても、「いろんな人」の語りや事実と出
会う中で、イブキの生きられた物語がどのように語られ、語り直されようと
しているのかを捉えようとする原田のまなざしがある。

⑶　リテラシーを「弱さの知」から再定義する

　庄井と同様に、臨床教育学を基盤としながら「弱さ」のリテラシーを提起
する研究がある。田中は、「『ゆとり教育』政策を進める立場とそれを批判し
て『学力低下』対策を主張する立場の双方に共通」していたのが、「『学力』
をつけ、社会で通用する『強さ』、何かができる『強さ』を獲得すること」
を求める支配的言説であり、子どもにも、保護者にもその「強さ」を強迫的
に追い求めることを課してきたと指摘する。そうではなく、「世界と他者と
自分の『弱さ』にふれ、表現し、読み取るという意味で、『弱さ』のリテラシー
とでもいうべき知」を育てていくことが提起されるのである[10]。

　「弱さ」のリテラシーを提起する田中は、「おとなの側が『強さ』志向の『学
力』が含む限界を認識し、『弱さ』の深さや豊かさへの感覚を自分に育てて
いくこと」、あるいは「子ども同士が互いの声に耳を傾け、相手と自分の『弱
さ』に触れ、そこに価値を見出す臨床的な知を育てていくこと」が必要であ
ると指摘する[11]。このような提起には、世代間にあるポリティクスに着目し、
苦悩や困難を抱える子どもへのケアと応答のある関係を構築すること、ある
いは生活現実の中にある不平等な社会的関係の中で困難や苦悩を抱え込む人
びとへのケアと応答のある知と関係を育むことなど、リテラシー概念の中に
「ケアの倫理」を位置づける重要な提起であると考える。また、明示知が子
ども一人ひとりの暗黙知と結びついたホリスティックなリテラシーの形成が
提起されている点も重要である。

　学習集団の理論と実践の中でも、子どもたちの中に「弱さ」のリテラシー
を形成することが構想されてきた。「わからない」ことをその子どもの自己
責任にはせず、子どもたちが抱える「遅さ」「わからなさ」「間違い」や「多
様なわかり方」がもつ知の豊かさに着目し、「遅さ」「わからなさ」「間違い」

や「多様なわかり方」に応答する知を育むことが探求されてきた。

　「弱さ」のリテラシーという視点は、見栄えのよいアクティブ・ラーニングが求められがちな現在の授業を問い返すうえでも重要である。渡辺は、アクティブ・ラーニングの名の下で、学び合いをテーマとした問題解決型の授業が追求され、「自力解決」、「グループ学習」、「全体での検討」といった学習の方法や形態を重視する授業が広がっていると指摘する。しかし、そこでは「『はやく・簡単・正確』という『結果』を出す」ことばかりが重要視され、間違いや「わからない」という声は周辺に置かれ、一人ひとりの「納得」を引き出す授業が成立していないと言う[12]。「すぐに」「正確に」「効率よく」といった価値観が主流となりがちな教室文化の中で、聴きとられていない子どもの声はないか、共に言葉を立ちあげてくれる誰かを求めている声はないか、友だちの言葉との出会いを確かめながら、おずおずと語り出されようとする声はないかと、教師自身が立ちどまってみることである。リテラシーが形成される場は、そのような教室文化を求めている。

2　批判的リテラシーを形成する教育実践の展開

(1)　多様な声に応答し合う批判的リテラシー教育の構想

　批判的リテラシー教育の更なる特徴は、差異の政治を編み直す教育実践が構想される点にある。学習者が出会う言説や文化の中に、人びとを差異化していく「境界」がいかに埋め込まれているのかを読み解き、それを編み直す実践が構想される。ルーイソン（Lewison, M.）らは、初等教育段階での批判的リテラシー教育を構想している。そこでは、批判的リテラシーに関わる多様な理論的、実践的な研究動向を踏まえ、批判的リテラシー教育に通底する４つの次元が抽出されている。すなわち、子どもたちの生活現実、社会的課題、大衆文化やメディア、言語テクストなどを教材としながら、子どもたちが「自明性を問い直す」「多様な視座があることを調べる」「問題を社会的、政治的に解き明かす」「社会的公正を求めて行動する」といった特徴をもつ授業を構想し、世界と自己との関係を編み直す批判的リテラシー教育が展開されている[13]。

　原田の実践記録「『いろんな人がいる』が当たり前の教室に」[14]に登場す

るイブキは、授業妨害や暴言、暴力が絶えなかった。学校はイブキに排除の
まなざしを向ける。原田は、イブキが他者を力で支配する「男性性」に囚わ
れ、衝動的な暴力を繰り返していると捉える。そのようなイブキであっても
排除されない学級をつくることを方針としながら、「いろんな人がいる」と
いう学びのテーマを立ちあげ、様々な教科や領域で実践している。

　まず第一に、この実践は、ADHD、少年兵や貧困の子どもたち、障害を
抱える人びとや性の多様性など、多様性を抱えて生きる人びとと出会う学び
として構想されている。学校知の中に子どもたちを閉じ込める授業とは異な
り、イブキをはじめとした子どもたちの生活現実に応答するように学びの
テーマが探索されている点が重要であろう。子どもたちは、多様な人びとや
多様な現実があることを知るとともに、学びのテーマをめぐって子どもたち
の間に顕在化するものの見方の多様性に出会い、自分たちのものの見方を問
い返すものになっている。学びのテーマとの出会いや学び合う関係の中で、
生きる世界や出会うテクストのもつ意味が複数的であることを発見していく
（「多様な視座があることを調べる」）。

　また、多様な現実に直面する人びとや多様な立場の人びとがいることを知
るだけではない。ジャンクス（Janks, H.）が、「差異が支配の中で構造化され
ているという認識なく」多様性を賞賛することに警鐘を鳴らすように[15]、「い
ろんな人」が生きる現実の中には、「人権が十分に守られていないケース、
差別が生まれやすいケースがあること」、さらには、「人権を守るために活動
している人たち」がいることについても学んでいく（「問題を社会的、政治的
に解き明かす」）。

　第二に、原田の実践には、子どもたちが既存の経験を理解し直すことを可
能とする新しい視座と出会いながら、自明視しているものの見方を徐々に問
い直していく過程がある。ホームレスの人について学ぶ授業の中で、「ホー
ムレス」や「ホームレスの人」についての子どもたちの語りが、メディアか
らの情報や先入観によってつくり出されたものになりがちであると考える原
田は、ホームレス生活を送る人の仕事や生活、その思いに迫るDVDの視聴
や本の読み聞かせ、ホームレスの人が被害者になった事件の記録を読むこと
を通して、異なる事実と出会わせていく。そうすることで子どもたちがこれ
まで身につけてきたものの見方を問い返す学びをつくりだしている（「自明

性を問い直す」)。

⑵　言葉や言説の複数性を読み拓く批判的リテラシー教育を構想する

　オーストラリアの批判的リテラシー教育を理論的に牽引してきたルーク
(Luke, A.) の論考に依拠して、竹川は、フレイレに源流をもつ批判的リテラ
シー論の課題を示している。批判的教育学における批判的リテラシー論では、
「周辺化された『声 (voice)』の表現を強調するだけでことばの政治性を読み
解く批判的能力が形成される」と考えられている。しかし、周辺化されてい
く人びとの「声」を承認するだけではなく、子どもたちが現実社会へと批判
的に参加していくことを保障していくためには、そのための方法を子どもた
ちに明示的に教えることが必要であると指摘されるのである[16]。

　現実社会へと批判的にアクセスする一つの重要な方法として、批判的リテ
ラシー教育においては、子どもたちの生活現実とその現実を表現する言語や
言説との対応関係を読み解くことが実践課題の一つとなる。竹川は、ルーク
に依拠しながら、次のように述べる。「われわれが持つ言語意識や言語使用
とそれらが指し示す事実との対応関係、言説や意味の複数性を事実と照らし
て考えさせること」に主眼を置きながら、言葉を読みひらく過程でどのよう
な価値を選択するかに関わっては、「事実認識に基づいて子どもに委ねられ
る」ような批判的リテラシー教育を構想することが提起されるのである[17]。

　同様に、異なる文脈から子安も、「意味の分からない言説や曖昧な言葉に
ついては、権威に従うのではなく、自分たちで確かめあうこと」が必要であ
り、「どのような意味で理解し合っているのかを互いに確認し合う方法に熟
知する必要がある」と指摘する。その上で「言葉の表の語義と対応する事実
にどんなものがあるか探そうと呼びかけること、その言葉の社会的機能を考
えあうこと」で、言葉や言説を批判的に読み解く力を育てることを提起して
いる[18]。

　例えば、カナダの初等教育段階の学校で、批判的リテラシー教育を実践し
てきたバスケス (Vasquez, V. M.) は、子どもがテレビで見たニュース報道と
絵本とを比較しながら、絵本をデザインし直す実践をおこなっている。川の
汚染によって白イルカが絶滅の危機にあるというニュース報道と、同じ白イ
ルカをテーマにしながらも「自由」で「幸せ」な白イルカの様子が描かれた

絵本とを比較し、環境汚染の中で危機に晒されている白イルカの声を伝える絵本へとデザインし直していくのである。絵本に描かれた白イルカの世界を、現実の白イルカが直面する事実と対応させ、テクストが社会的に構築されたもの、再構築が可能であることを学びながら、社会的課題に取り組んでいくのである[19]。

　また古関は、実践記録「安心して楽しい授業と生きることを考える授業」[20] において、「食品添加物の恐ろしさ」「高学歴は地域を捨てる？」などをテーマにした学習をおこない、なぜ学習するのかを子どもたちに問いかけ、事実に即して判断できる力を育んでいる。

　「日本は豊かな国か」（総合8時間）の単元では、乳幼児の死亡率が他国と比べて日本が低いことを確認し、その理由を考え合う。すると子どもたちには「日本は豊かな国」だと見える。さらに古関は、映画を視聴した後、子どもたちとともに、時間をかけて保護者や地域の人たちへの聞き取りをおこなう。成果主義や競争主義に晒された職場の厳しさや、経営が困難ながらも地域の人びとがつながり合う場となるよう、商店を営み続けている方の話など、聞き取ったことをもとに話し合っている。「日本は豊かな国である」という言説を、地域の人びとが生きる現実とつき合わせて問い返すのである。そうしながら子どもたちは、「日本は豊かである」という言説からこぼれ落ちている声や、厳しさの中にも懸命に幸せな生き方を探し求めようとしている声があることに出会い、日本は豊かか、豊かさとは何かを批判的に問う学びをおこなっている。

3　機能的リテラシーの豊かな学びの場をつくり出す

　機能的リテラシー論は、既存社会へと効果的に適応するためのリテラシー形成に留まっている点において、その問題点が指摘されてきた。しかし、機能的リテラシーの形成が子どもたちに必要ではないということではない。樋口が、セン（Sen, A.）の潜在能力アプローチを参照しつつ、機能的リテラシーの必要性を指摘するように、人間が生き方の幅を広げ、その社会において願いや要求を実現する上で、基礎的なリテラシーを獲得することは重要である[21]。貧困状態にある多言語地域において、批判的リテラシー教育を構想す

るジャンクスも、「子どもたちの多様な言語やリテラシーの価値を認め、それらを育んでいくことと同時に、どのように支配的な言語やリテラシーへのアクセスを提供するか」[22] が問われるべきであると言う。言語やリテラシーの多様性を保障し、社会へと批判的、創造的に参加できるリテラシーが求められる。と同時に、子どもたちが生きる社会が求める支配的な言語やリテラシーへの「アクセス」を保障しない批判的リテラシー教育は、マイノリティの子どもたちを社会の周辺に位置づけたままにする、と指摘するのである。

　では、どのようにリテラシー教育が構想されているのだろうか。同じく、多文化の貧困地域において批判的リテラシー教育を構想するコンバー（Comber, B.）は、その地域に生きる人びとや子どもたちに向けられた「欠損」のまなざしが、子どもたちの「学校教育の不平等な結果」をもたらすと指摘する。多文化の貧困地域に生きる「生徒やその家族、さらには地域の有する言語的、文化的な資源」は「欠損しているもの」ではなく、「教えと学びのための重要な資源である」と捉え、子どもたちが既に有している「資源」に依拠しつつ、それらが発揮されるインクルーシブな場や関係をつくり出すことの中に、リテラシー教育が構想されている[23]。

　再び先の古関の実践記録に着目したい。古関は、低学力の子どもたちに生活現実を批判的に捉える力を育むとともに、基礎学力を保障する指導を丁寧に展開している。例えば、漢字の読み書きや計算もできない低学力の子どもたちを担任した際に、「ゆっくり進むことと、分かるまでおりて教える」といった方針を持って指導をおこなっている。5年生「小数と整数」の単元では、一の位から指導したと言う。「分かるところまでおりる」ことで、「分かる」という経験を授業の中でどの子どもにも保障することにつながっている。

　古関は、子どもたちへの欠損のまなざしに囚われてしまうのではなく、子どもたちが既に身につけている資源を「教えと学びのための重要な資源」と捉えている。「何もわからない、できない」と捉えるのではなく、子どもたちが既に身につけている「わかること、できること」に目を向け、どの子どもも排除されない授業を構想する。鈴木は、このような古関の授業を、「その学習では『やっても出来ない』という隘路を解きほぐし、『やったら出来る』という学習過程を保障し、その手立てを提示し、その子の手持ちの力に沿って指導を貫徹させている」[24] と捉えている。単に子どもたちに基礎的なリテ

ラシーが与えられているのではない。わからない「わたし」も受け止められ、「その子の手持ちの力に沿って指導を貫徹させ」、小さな前進を積み重ねることで、子どもたちの「やっても出来ない」という自己認識を学びほぐしていく学びがそこにはある。

4　批判的リテラシー論と学習集団研究との接合に向けて

「教授・学習過程における生活指導」という論考において、「子どもの生活を育てるということ、子どもの生活認識を育てるという角度から、教科の質を問いただしていかなくてはならない」と述べられている。そして、子どもの生活を育てるということは、「単に子どもの現実の生活に即応する」ことを意味するのではなく、子どもの現実の生活の課題を見すえ、それに変革的に働きかけることで、より高い生活認識の形成をめざすことを意味すると提起されている[25]。また、そのような実践構想においては、「教科内容と事実認識とのあいだの矛盾をしっかりと見すえて、そこから教科内容のいわゆる『思想』や『方向』を、たえず問いただしていく」こと、さらには、基礎学力の獲得においても、「その学力を身につけることの意味や、それを身につけることから生まれる社会的機能」を「新しい社会をつくる力」へと開くことが問われていた[26]。

また、「学習集団の思想である同和教育や平和教育の精神は、従来の教科知識を環境破壊や危機的な社会状況に応用しうるものへと見直すことを求める」と指摘される[27]。批判的リテラシー論は、学習集団研究のこのような源流や切り拓かれるべき課題と結びついていくものではないだろうか。

註

1）竹内常一「教科をとおしての生活指導再考」『竹内常一　教育のしごと　第5巻　共同・自治論』青木書店、1995年、367-368頁。（初出：原題「教師のための授業入門」『生活指導』第393号、1989年1月。）
2）同上論文、368-369頁。
3）同上論文、371頁。
4）竹内常一『学校の条件』青木書店、1994年、111-115頁。
5）ピーター・メイヨー、里見実訳『グラムシとフレイレ－対抗ヘゲモニー文化の形成と成人教育』太郎次郎社エディタス、2014年、99-104頁。

6）庄井良信『癒しと励ましの臨床教育学』かもがわ出版、2002年、166頁。

7）Kalantzis, M., Cope, B., Chan, E., & Dalley-Trim, L. (2016). *Literacies-second edition.* Cambridge University Press, pp.176-178.

8）樋口とみ子「リテラシー概念の展開－機能的リテラシーと批判的リテラシー」松下佳代編著『〈新しい能力〉は教育を変えるか－学力・リテラシー・コンピテンシー』ミネルヴァ書房、2010年、96-101頁。

9）庄井、前掲書、181-182頁。

10）田中昌弥「『弱さ』の哲学から語る学力－『強さ』の学力から『弱さ』のリテラシーへ」久冨善之、田中孝彦編著『希望をつむぐ学力』明石書店、2005年、249及び267頁。

11）同上論文、268頁。

12）渡辺恵津子『競争教育から“共生”教育へ－仲間と育ち合う教室づくりのヒント』一声社、2016年、57-64頁。

13）Lewison, M., Leland, C., & Harste, J. C. (2015). *Creating Critical Classrooms: Reading and Writing with an Edge.* Routledge: Taylor & Francis Group.

14）原田真知子「『いろんな人がいる』が当たり前の教室に」子安潤、坂田和子編著『学びに取り組む教師』高文研、2016年参照。

15）Janks, H. (2010). *Literacy and Power.* Routledge: Taylor & Francis Group, p.26.

16）竹川慎哉『批判的リテラシーの教育－オーストラリア・アメリカにおける現実と課題』明石書店、2010年、138-140頁。

17）竹川慎哉「スタンダード化される授業づくりの現在と批判的リテラシー教育の今日的意義」中部教育学会編『中部教育学会紀要』17号、2017年、6頁。

18）子安潤『リスク社会の授業づくり』白澤社、2013年、129-131頁。

19）Vasquez, V. M. (2014). *Negotiating Critical Literacies with Young Children (10th Anniversary Edition).* Routledge, pp.135-146.

20）古関勝則「安心して楽しい授業と生きることを考える授業」全生研編『生活指導』No.675、2010年2月号参照。

21）樋口、前掲論文、102頁。

22）Janks, H., op.cit., 2010, p.24.

23）Comber, B. (2016). *Literacy, Place, and Pedagogies of Possibility.* Routledge, p.4.

24）鈴木和夫「出会い・参加の学習、そして、対話のある授業とは」全生研編『生活指導No.675、2010年2月号、26頁。

25）佐藤正夫、吉本均編著『生活指導の実践過程－戦後道徳教育の成果と理論化－』御茶の水書房、1960年、155-156頁。

26）同上書、158-160頁。

27）阿部好策「訓育的教授の今日的意義とその発展的継承」阿部好策、小野擴男編『学級の教育力を生かす　吉本均著作選集2　集団思考と学力形成』明治図書、2006年、226頁。

本研究は科研費（16K04446）の助成を受けたものである。

（黒谷　和志）

第4章

「学びに向かう力」を育てる学習集団の指導
—— 「道徳科」授業への提案 ——

1　「学びに向かう力」とはなにか

　この第3巻のキーワードは「学びに向かう力」である。「学ぶ力」はこれまでにも多用されてきた。それは、ただ知識・技能を習得する狭義の能力のみならず、「わかろう」「知ろう」「仲間の考えも聞こう」という、対象との関係における意欲や感情も含めて使われてきた。だから「習得」や「達成」の意味合いが主となる「学習」を使わずに「学び」と呼ぶことが多くなっている。

　では、「学びに向かう力」とはなにか。「に向かう」という関係性の視点に、読みとくための大事な鍵がある。「わからない」「おもしろくない」「なぜ、これをやらなくてはいけないの？」などの子どもの声や疑問は、学びとの関係ではどう見たらいいか。性急な人は、その子どもは学習意欲が弱く、基礎的な事がらの習熟も乏しく、学習主体としては、学びに向かわない「不振」の姿だと言うかもしれない。

　しかし、よくみれば、否定的ながらも学習の対象と関わろうとはしている。対象への働きかけが目的意識をもった主体的なものになってはいないが、完全に背を向けているとはいえない。「意味学習」論者は、上記の状態に対して当人の「学ぶ意味」の欠如を指摘し、前の学年や単元の復習から「意味」の取り戻し・再発見に取り組ませる、との助言をするかもしれない。だが、そのような助言や示唆で学習を支援する現場は納得がいくだろうか。今一番、その点で悩み揺れながら「学び」の支援を模索しているのは、貧困世帯の子どもを中心として全国各地で多様な形態で展開している学習支援塾あるいは無料塾の実践であろう。

　筆者も「愛知県子どもの貧困調査」検討会議委員として、他のチームによ

る学習支援者の聴き取り事例を資料等でつかみ、そのご苦労の背後にある子どもの学びの実態を考えてきた。それは、単にボランティアの学習支援場面だけのことではなく、根底においては、学校の授業でも「学び」をめぐる同様の困難さがある。それこそ「学びに向かう困難さ」をどうするか、である。その問題を解くために、まず学習の指導と支援の関係について、簡単に振り返っておきたい。

2　学習指導と学習支援とはどう違うか

　学習の過程をみずからたどる行為主体は、子どもである。「勉強は嫌だ」「考えることが苦手」という子どもも、学習の過程内にいる。この事実はしっかりと押さえておく必要がある。過程内にいるからそういう反応が出る。

　「指導」は、一般的には、その過程の外に立つ者が、活動目標、その活動内容、その達成状態の評価視点を決めて、立案し、具体的に活動を方向づける行為を指している。この点に関して学習集団研究が開発した明確な成果がある。それは、学習過程において、子どもは単に学習対象（教材とそれに具体化されている知識・技能）に向かうだけではなく、同じ過程内の様々な他者とも向き合う、という学級教授組織での学びの事実である。学級の仲間と共に学ぶ。この事実から出発し、この見地から学習過程をとらえ直した時に、学習に取り組む集団が固有の教育的意義をもって現れた。だから、それを単に「授業の子どもたち」とはしないで「学習集団」と呼んで、その発展を研究してきたのである。

　「支援」は、行為主体の子どもが（現下の水準に応じつつ）自ら目標を立て、その内容を選び取り、達成できたかどうか（「明日」の発達水準）をみずから確かめるように援助することを指している。

　すなわち、学習支援は、一貫して、子どもが学習過程の内側に居て、その過程をたどる主役であることを前提とする。言い換えれば、子ども一人ひとりの、経験や知識・理解などのありのままの状態がそこには現れる。しかし、学習支援の本質は、単に「あるがまま」ではなく、教師もしくは指導的人物が場面に応じた様々な刺激を子どもに与え、これによって子どもは「今日」の水準を少しでも変えて「明日」の水準に至る力を引き出され、小さな変化

ではあるが「わかる」「できる」ようになることにある。そこには、「なぜ」「どうしたら」と、子ども自身が問い・考える思考が働いていることが大事である。

　そのさい、授業論でいわれてきた「集団思考」とは、学習過程をみずから歩みながらその同じ場に居る他者と思考を交わし「問い」を共有して、その結果として達成を共有できる（する）関係性を指している。決して、集団が一斉に同じように一致した思考をするわけではない。学習の個別性重視の立場から「集団思考」を否定的に見るのはわかるが、そこにはもともと「集団思考」の思想への誤解がある。

3　学習集団の概念について

　「学習指導」にも「学習支援」にも、ロイス・ホルツマンがいう「台本の台本」（メタ台本）がある[1]。彼によれば、教師と生徒がいかに「学校を営むか」の台本や教科専用の台本がある。ヴィゴツキーの発達論が最も革新的に関係するのは「これらの台本の背景にあり、それを正当化している台本の台本である」。それは、「学習は情報（知識）とスキルの個人的な獲得である」とする学習観である。本稿では、これを学習個人化・獲得モデルと呼ぶ。これに対して、ヴィゴツキーの実験と理論によって解明された、言語自体の共同性にもとづく文化的発達の行為として学習を見る見方がある。これを、学習共同化・文化発達モデルと呼ぶ。前者の学習個人化・獲得モデルが実社会では大勢を占めており、それを「メタ台本」とするのが、戦後一貫して文部行政が担ってきた学習観であり、授業観である。そのことは、最新の「資質・能力」育成の学習論やアクティブ・ラーニング（最近は「主体的で対話的な深い学び」とされる）でも基本的には変わっていない。

　欧米でも、例えばデューイが暗記主義的な古典的授業を批判した時、フレイレが知識蓄積のみをめざす「銀行」型学習を批判した時、同じようなメタ台本に対する相対化あるいはそれからの脱出を提起していた。我が国の経過では、戦後の生活指導思想と集団主義的な教育思想、さらにはヴィゴツキーの発達論の影響下で、後者の学習共同化・文化発達モデルによりそった授業論が追究されてきた。学習過程内の子どもたちの人間関係を、教材の目標設

定と同等の価値を持つものとして重視し、そこを基盤に新たな授業論を構築しようしたのが、「学習集団」研究の始まりであった。

　1970年代から80年代まで、「集団」とは何かをめぐる論争をベースに、「学習集団」と「自治的集団」の関係と教師の指導性を理論的・実践的に追究してきた。2000年代初めに文部行政が、先の学習個人化・獲得モデルの台本のうえで「学習集団」の編成を言い出した。それは能力別学習のための子ども編成を指していた。ある小学校では、学習の進度に即して「こだま」「ひかり」「のぞみ」と名付ける「学習集団」を編成した。学習達成の「速い」「遅い」があからさまで批判もあったが、当該校としては、当時の文部行政の「学習集団」編成の意図を正直に受け止めて行っていたのである。

　この時点で、「学習集団」概念は、行政の求める能力主義教育対応の「学習集団」計画によって混乱させられた。半面、それまで「学習集団」研究を重ねてきた研究者や実践家がその混乱ないしは概念破壊を根底から立て直す活動をしてきたかというと、必ずしもそうではなかった（筆者も含めての反省点）。そのため、教育現場には、学習個人化・獲得モデルの「学習集団」と、学習共同化・文化発達モデルに立つ「学習集団」が混在し、主権者である子どもたちの発達を支援するうえで、いったいどのような「学習集団」を構想していけばいいのかにおいては迷いが生じていた。

　その背景要因の1つに、「学習集団」研究に取り組む研究者・実践家のあいだでも、自分たちのメタ台本の問い直しがあいまいであったことがある。そのため、学習個人化・獲得モデルの「学習集団」概念を正面から批判し克服する実践の方向性を充分には打ち出し得なかった。その象徴が、吉本均氏における教授学理論の軸足の移動、すなわち、「集団思考」から「指さし」へ、「応答しあう相互作用」から「まなざし」の交流へ、であった[2]。学習の共同化・文化発達モデルに立てば、学習過程での子どもたちの「応答しあう相互作用」を教科の特質に応じて多様に追究するとか、「指さし」は教師だけではなく子どもからの「指さし」（つまり、教材内容を一部越えていくような子どもからの問い）があるなど、もっと柔軟な研究課題を打ち出す可能性はあった。

　他方、「学習集団」の「集団」概念を物質的な存在として唯物論的にとらえることにこだわった大西忠治氏でさえ、学習個人化・獲得モデルを脱出で

きていなかったのではないか。こう筆者はみている。筆者との論争の経験[3]からも、大西氏は、亡くなる最後まで「学習の共同性」が理解できなかった。教室で多様な子どもが共同して学習するのは当たり前で、学習の本質は個人の知識・認識・技能の獲得にある。これが大西氏の「学習集団」論の根底にあった。しかし、子どもの言語の獲得からして、「自分のためのことば」（内言）と「他者に向けることば」（外言）が結びつきながら分化していく文化的発達があることをヴィゴツキーは実証した（『思考と言語』）。この原点に基づく学習共同化・文化発達モデルを手掛かりにして学習を再構築していくことは、戦後一貫したわたしたちの課題なのである。

　前述のホルツマンは、ヴィゴツキーの文化発達モデルを参考にして、現状を変えるには「学校を遊んで人びとを助けることである」としている。「学校を遊ぶ」とはどういうことか。単に学校生活を楽しく過ごすことではない。それは、子どもにとって学校が文化発達の場、個人と共同（協働）の活動の組み合わせ、想像と創造、知的活動と情動との結合など、発達のあらゆる契機が学校の諸活動のどこかに意識的・計画的に保障されている学校生活を指している。「授業」の改造を追究した吉本・大西両氏も、「授業を遊ぶ」という発想までは持てなかった。他方、「学習集団」の論争は、「吉本―春田論争」として知られており、それは同時に授業における自治をめぐる論争として考察されがちであったが、真実は、そうではなかった。「学習集団」を実現するためには、学習個人化・獲得モデルからどう脱出し、学習共同化・文化発達モデルをどう再構築するか、という基本課題こそ、「学習集団」問題の中心テーマなのである。

　では、「学習集団」は子どもの実態や社会的現実に合わなくなったのであろうか。そうではない。発達が多様化しているその子どもたちの学習過程に応じる学習共同化・文化発達モデルに立つ学びとはいかなる活動なのか、その学びに向かう「学習集団」をどう構築していくか。このことが、むしろわたしたちに問われている。「学習集団」概念の側が問いかけているのに、その問いの探究にわたしたちが適応できていなかったのである。それは、先述の通り、わたしたちの「メタ台本」の問い直し作業のあいまいさに由来した。

4　道徳授業と「中動態」学習

　道徳授業については、「道徳的価値は教えられるか」という戦後一貫した「問い」がある。これは言い換えれば、子どもたちは、道徳の価値を学習するのか、学習させられるのか、となる。学習を「する」「させられる」の二分法は、各教科に共通している能動と受動の関係をめぐる基本的なテーマである。ましてや価値判断という一人ひとりの内心の世界に深く関わる道徳授業においては、避けては通れない問題である。

　能動と受動という学習をめぐる二項的とらえ方も、「メタ台本」の一種といえる。最近話題になっている國分功一郎『中動態の世界　意志と責任の考古学』は、能動・受動の二分法をこえる「中動態」の世界を提起した。この「中動態」思想とは何か。筆者なりにまとめると、以下の点が特質である。

⑴　まず、総論として、人間の主体性についてよりリアルに事態をつかむ。その中心は「自由の志向」にある。そのうえで、「中動態を生きる」とは「ときおり自由に近づき、ときおり、（行動様式等が他によって決定されている、の意味の：引用者）強制に近づく」[4]ことである。つまり、自己決定か、他決定か、という人間社会の実際の生き方として「中動態」は、自分の存在の「表」「裏」の両面を見る能力をもつことにつながる。

⑵　言語の文法的な考察からみると、「能動」か「受動」かの二項対立あるいは区分では見えてこない世界が「中動態」である。大事なのは、わたしたちが無意識のうちに採用している能動・受動の枠組みを問い直すことである。

⑶　実践の場面ではどうか。「する」か「される」かではなく、「主語（または行為の主体：引用者）が過程の外にあるか内にあるか」[5]が問題である。学習に関して言えば、「知りたい」「やってみたい」などの欲求に突き動かされるその過程のなかに、主語（つまり、真の学びの主体）がある（いる）。しかし、ここに「誰それの下で」を加えると、「〜された」と受動的になる。

　したがって、「学ぶ」の本来の姿は、自分で自分を学びに立たせる、あるいは自分で学びを出現するがままにする（國分がハイデッガー解釈で述べている「放下（ほうげ）」）ということになる。

　学校の授業でも、学習支援塾での学習場面でも、子どもたちが「そうか、わかった！」と驚きと喜びをもって「わかる」「できる」体験が重ねられる状態は、上記の「放下」とも関係している。「する」のでも「させられる」のでもなく、自分の中に「学び」が現れてくる状態である。もともと「遊び」の世界にはそれが当たり前のように含まれている。それは、子どもも大人も同じである。夢中になる、とはその状態と重なっている。

　例えば、藤井聡太七段の活躍で子どもの関心が高まる将棋の世界で見てみよう。習い始めの頃は負けてばかりで悔しさがつのるが、駒の動きや他の駒への影響、すぐ先の展開の予測などに慣れてくると、同じ負けでも学びが違ってくる。「そうか、あの局面で自分の駒の動かし方が相手の攻撃を呼び込んだのか」と。すると、入門解説書の棋譜どおりに駒を置いて自分で練習したり、少し上の級の人と対局したりすると、その将棋の行為自体が自分を引き込んでいくのがわかる。将棋を指しているが、そのとき、能動でも受動でもない中動態的な世界を子どもなりに体験する。我を忘れるほど将棋が自分を導く。それが将棋の「面白さ」の真髄であろう。

　個人の活動だけではなくチームの球技でも、ブラスバンドなどの合奏でも、ほぼ同じことが起こる。もちろん、強制にちかい「させられる」場面は日常的にあるだろう。と同時に、本来の意味で自分が「する」「うちこむ」主体性も立ち上がる。子どもなりに自分の対象的行為の中に「将棋」が、「野球」が「サッカー」「演奏」が湧き上がってくる瞬間がある。そのときの解放感があるから、練習が苦しくても子どもたちは続けられるのである。

　以上のことを学習過程で見ていくと、各教科の課題にもよるが、能動でも受動でもない自己解放的な学びへの方向性を初めから無視してはならない。それどころか、そこに、現下の競争主義的学習から脱出して自分たちの「学び」を再構築するための「窓」がある。

　「特別の教科　道徳」の授業は、この「中動態」的行為の観点から学習をとらえ直して、子どもたちと共に授業単元となる主題を様々にさぐっていくことの多様性と可能性が実現できる領域である。それなのに、道徳科の各社教科書を展示会等で見ると、工夫の跡はあるものの道徳的価値を「（子どもが）学習させられる」「理解させられる」という受動的学習観がきわめて濃厚である。教科として指導しなくてはならない、とする義務的な教科観念が背景

にあって教科書が構成されているからである。それでは、結局、全国一律の道徳的価値を子どもたちに習得させるとする学習個人化・獲得モデルの「メタ台本」のままである。

　この「メタ台本」を子どもと一緒に書き換えるための学習の創造、それが新たに始まった「特別の教科　道徳」の基本課題だととらえてはどうか。それにせまる一助として、能動か受動かという二項対立を超える「中動態」学習の探究は、今後の道徳授業をつくり変えるヒントになる。

5　道徳授業における学習集団のありかた

⑴　「中動態」学習とは

　「中動態」学習とは、字義的には能動と受動の中間と読めるが、実践の課題はそうではない。一言でいえば、学習過程の内側に「学び」が「学び」のままに出現する学習である。それは「遊び」としての学習といってもよい。ヴィゴツキーが明らかにしたように、「活動の創造的パフォーマンス」[6] があってこそ学習は「遊び」に転じる。それは、主体の自由な自己表現行為でもある。ホルツマンは、そのための方法論として、「即興」すなわち、その現場に居て現場で起こることに反応することをあげている。この自由な関係行為は「発明、創造性、イノベーション、アイデアの生成、新しいありかたや見方の創出などに近く、あるいはその一部を意味する」[7]。

　いまの学校的学習には、この「即興」が欠けている。いや、そのような「即興」の世界を教師が演じる（自己演出する）行為自体が指導の世界から排除されている。教師は子どもに「教える」ことが義務的にばかり感じられ、子どもの様々な反応に自由に応じながらそれを学習課題に向けて方向づける、まさにその教師ならではの個性的指導性が発揮される山場を体験しなくなっている。そのため形式的な型通りの授業展開になっている面はないか。そこへ最近の「授業のスタンダード化」が加わっている。授業が楽しくなる要素はますますそぎ落とされて行く。では、どう変えていくのか。

　まず、第一に、授業づくりの基本として、学校的学習の「メタ台本」、すなわち市場原理社会に適応できるための情報（知識）とスキルの個人獲得こそ学習だとする学習観を、子どもたちと共に書き換える場として授業をとら

え直す。

　第二に、子どもたちの生活経験を生かして教材の内容を相対化する学びを中心にする。

　第三に、学習過程では、子どもたちの話し合いと討論を中心的な展開として、その結果、授業の結末はオープンエンドとする。

　この三要件は、能動と受動の二分法を超える道徳授業にとって最低限のものである。

(2)　教科書教材の吟味と授業

　受動的学習という「メタ台本」の現状そのままの教材が、例えば、日本教科書『道徳　中学校2　生き方を見つめる』の「十四歳の責任」である。同教材は、14歳になると「刑事責任能力が備わります」として、これは「大人への大きな一歩」であると意義づけておいて、以下は、少年法の解説に終始している。少年の犯罪に対しては少年院送致があり、これに服すると同年代が経験する楽しい活動から遮断される、と書いている。最後に「法律による強制を超えたところにある責任」を述べて結んでいる。次の頁には、橋本佐内の「啓発録」から自分を律する項目を挙げている。法と道徳の関係は古来から深いものがあるとはいえ、これでは、法の威力を子どもが「学習させられる」授業となるのは明白である。

　小学校1年教材「かぼちゃのつる」も、吟味すべき問題の一例である。価値項目は「節度・節制」とされる。東京書籍『あたらしいどうとく1』の「じぶんでできること　かぼちゃのつる」という題名は、すでに「かぼちゃ」自身の問題という枠組みを示している。かぼちゃのつるはぐんぐんのびて、注意されても「そんな　こと　かまうもんか」「おせっかいしないで　くれ」とのびていくうちに、トラックのタイヤでつるを切られて、泣いてしまう。教科書には「だれかが　わがままをいうと、まわりの　ひとは　どう　かんじますか」と書かれ、自己責任を理解させるものとなっている。実践例によっては、登場人物の身になってどんなことを感じたかを出し合わせて「アクティブ・ラーニング」とする、という指導案も見られる。しかし、自己責任の学習の枠をこえるものではない。

　これに対して、今関和子氏は、別の学習指導案を提示している。子どもが

実際に体験している「あさがおの世話」を引き出しながら、「かぼちゃのつる」について、「みんな、あさがおを育てたときはどうだった？」と問いかける。すると、子どもたちからは「うまくつるが伸びないときは僕たちがつるを元に戻してあげる」「車が通るところになんかうえなければいいんだよ」「お世話する人が怠けないで、手入れをしてあげればよかった」などの反応が予想される。ここから、世話をしてあげれば、「かぼちゃのつる」ものびのびと成長できた、という理解に子どもたちはたどりつく[8]。

　これは能動でも受動でもない。子どもたちが自分の体験を振り返りながら教材の文脈を生活文脈でとらえなおし、考える営みがおのずと立ち上がってきている。ここに、教材が求めている「メタ台本」（他人に迷惑をかけないための自己責任、節度ある態度への適応）を書き換える学びの一例がある。また、教師の問いに対する子どもたちの反応は様々であってよいし、ある子の発言を別の子が否定したり排除したりせずに、次々とつながっていく展開が予想できる。

　「節度・節制」に無理やりまとめようとするから、いかに登場人物になったつもりで話し合わせても、「つるをのばす、わがままなかぼちゃ」はどうすればいいかという枠内におさえてしまうのである。自由に話し合わせている（形は能動的）ようでいて、結局は、わがままを言わないで節度よく生きること、という「メタ台本」に回収される。それが学習個人化・獲得モデルそのものの授業として展開される実態ではないか。

　ヴィゴツキー的に言えば、学習を個人の「知識獲得モデル」でみるのか文化的な「発達主体モデル」でみるのか、が根本テーマとして存在している。今関氏の提起は後者に迫るものであるが、それにとどまらず、個人化された「学習」観を前提とすることが、教材内容の問題点とつながっていることを今関氏は指摘している[9]。その主要な点を挙げると、①擬人化して物語（教材）を作り、道徳を教えるものなっている。②自己犠牲と絶対服従が中心になっている（「星野君の二塁打」など）。③強者の論理や性別役割分業で教科書教材が書かれている。

　このような教材群にもとづく道徳授業は、今関氏によれば、「一つの価値を教え込み、他の意見を否定する、教師が求める（学習指導要領が要求する）正しい答えを求める」授業である。これに対して、「子ども達が自分の頭で

考え、多様な意見を尊重し様々な意見があることを認め合い意見を出し合い、討論討議のある、子どもたちの意思、自己決定を尊重したオープンエンドの授業」を、今関氏は提起している[10]。

　今関提案の内容がそのまま「中動態」学習を保障する授業だと筆者は言うつもりはない。しかし、少なくとも強制的な学習（受動）から脱出して自分たちが主体となって問題を考えあう関係性はそこに柱として提示されており、これからの道徳授業のあらたな構想にとって十分に価値あるものと考えられる。また、その授業構想には、子どもたちが道徳価値を問いあいながら共に発達していく視点が明確に織り込まれている。学習指導要領の価値項目を「学習させられる」のではなく、子どもたちが社会における道徳価値とは何かを自分で考え、価値形成にいどむ発達主体に変わっていく。このことを教育目的としなければ、道徳授業は主権者の育成につながっていかない。そこにある教育実践研究の主題こそ、本巻のタイトルにある「学びに向かう力」の形成なのである。

註

１）ロイス・ホルツマン『遊ぶヴィゴツキー　生成の心理学へ』（茂呂雄二訳）、新曜社、2014年、89頁。
２）高田清『学習集団の論争的考察』溪水社、2017年。
３）折出健二『人間的自立の教育実践学』創風社、2007年、235頁以下。
４）國分功一郎『中動態の世界　意志と責任の考古学』医学書院、2017年、273頁。
５）同前、86-87頁。
６）ホルツマン、前掲書、78頁。
７）同前、91頁。
８）今関和子「『特別の教科　道徳』教材の問題点は何か」全国生活指導研究協議会第60回全国大会『特別企画資料』2018年（私家版）、6-10頁。
９）同前、3-5頁。
10）同前、5頁。

（折出　健二）

第5章

「学び」を強調した幼小接続をどうとらえるか
── 学習集団づくりの立場から ──

1　「幼小接続」課題をめぐる最近の状況

　2017年度告示幼稚園教育要領、保育所保育指針、幼保連携型認定こども園教育・保育要領（以下この3つを指して「幼稚園教育要領等」と記す）が同時に改訂（改定）され、保育内容についてそれぞれが同じ地点に立つこととなり、幼稚園はもとより保育所も「幼児教育を行う施設」として幼児期の教育内容・方法の整合性が図られることでどの保育・教育施設においても、小学校への円滑な移行・接続は以前にもまして重要な共通課題とされた。これらの施設では共通して、「生きる力の基礎を育むため」の3つの「資質・能力」と、保育・教育の「ねらい及び内容」に関して「幼児期の終わりまでに育ってほしい姿」（10項目）が明記され、目下、議論を呼んでいる。幼稚園と並んで、児童福祉施設である保育所も「幼児教育を行う施設」という位置づけを明記し幼児期の教育面の強調がなされた[1]。幼児期の教育の質の問題とも関連して、「幼小接続」をテーマとした研究も幅広く急増している[2]。

　このような幼児教育重視の傾向が加速する背景には、国際化、情報化、人工知能化が急速に進行している現在、子どもたちがこれからの時代を生きていく上で必要な力とは何か、そのような力はいつから育まれるのが望ましいのかといった次世代育成を見通した近年の幼児教育の世界的規模での改革の動きがある。文部科学省も引用する「ペリー就学前計画」の調査結果から、質の高い幼児教育はその後の学力向上や将来の所得向上、犯罪リスクの低下等に繋がるという指摘などを受けて経済学の立場から社会や経済発展の上で質の高い幼児教育の提供が話題を呼び、わが国でも教育重視・学び重視の幼児教育から幼小接続にも新たな拍車がかかるようになっている[3]。

　わが国での幼小接続はずいぶん前からの政策課題であったが、教育基本法

（2006年改正）及び学校教育法（2007年改正）で「幼児期の教育は、生涯にわたる人格形成の基礎を培」う、「幼稚園は、義務教育及びその後の教育の基礎を培う」ことが規定され、幼児期の教育は生涯学習であると同時に、「学校教育の始まり」として義務教育との接続関係を確保することが法的に方向づけられた。その直前の中央教育審議会（2005）では、幼小接続の重点指針として、「発達や学びの連続性」や「学習の基盤を培う」や「協同的な学び」等の用語が登場し、「学び」を強調した検討が進められていた[4]。

　これまでの政策動向を分析した福元真由美は「幼小接続カリキュラムを構想」するアプローチには「学校改革志向」と「小1プロブレム予防」の2つがあったとし、次のように問題提起をしている。

　　　学校改革アプローチでは、接続の要請と独自性という葛藤を抱えた幼児教育が、国家戦略としての義務教育改革に押され、「学習の基盤」の概念のもとに幼小接続カリキュラム開発を推進した。その結果、義務教育との直結がもたらす国家統制の問題、接続カリキュラムの現場への強い要請、「共同的な学び」による幼児教育の再編とそのゆらぎが生じた。小1プロブレム予防アプローチでは、幼小連携の実践化が進み、小学校への適応を目的に「スタートカリキュラム」が提案されたが、生活科の実践の矮小化ともいえる事態を招いていた[5]。

　このようにわが国の現在の幼小接続の課題は、幼稚園や保育所等の就学前教育・保育施設の側の問題として学校制度改革によって要請されている義務教育とのより強い連携をどう実現していくのかという問い、他方で小学校側の問題として学校適応指導ともいえる生活科の矮小化をどう克服し、低学年に相応しいカリキュラムをどう構築し、指導のあり方の見直しをどう図るのかという問いの前に立たされている。これは、就学前教育・保育施設の側、小学校の側というように分けて問う問題ではなく、「幼児期から児童期への発達の連続性」「学びの連続性」をお互いの教育方法・内容の違いを十分に認識した上で、当の子どもの姿の中に共通理解していくという複雑で熟考した姿勢が要求される。

　今回の学習指導要領や幼稚園教育要領等の記述には、小学校以降の教育と

の共通用語である「資質・能力」が示され、幼児期の教育・保育の内容と評価に関わって小学校教育を前提とした記述がなされている点、これと関連して小学校への具体的なバトンタッチとして「幼児期の終わりまでに育ってほしい姿」が明記された点で、就学前の教育・保育と小学校教育の現場が共通基盤にたって、幼小接続を実践していく窓口が示されたともいえる。

　本稿では、幼児教育の立場から、以下の前半で新たな幼小接続で求められる事項について整理し、後半で学習集団研究からの「幼小接続」の実践のための視座を考察してみたい。

2　「学校教育の始まり」としての幼児教育
──「学び」の視点が強調される動向──

⑴　これまでの到達点と課題

　「学校教育の始まり」としての幼児教育では、どのような形で幼小接続を展開してきたか。

　幼小接続・保幼小連携の取組は、①教育課程の編成に関する小学校との連携、②幼児と児童の交流、③教員同士、教員と保育士との交流、という３つの実施方法で定着してきている。全国の幼稚園・保育所を対象とした平成24年の文科省調査によれば、３つのうち最も実施率が高いのが②の交流活動（79.0％）で、続いて③教員・保育士間交流（75.9％）であり、遅れているのが①の教育課程の編成（49.3％）となっている。各市町村の状況については、ステップ０〜４までの指標のうち約62％がステップ２（中間レベル）の「年数回の授業、行事、研究会などの交流があるが接続を見通した教育課程の編成・実施は行われていない」という結果で、ステップ０・１の「予定・計画がまだ無い」、「検討中」を合わせると全体の80％以上が「接続のための教育課程」が進んでいないという状況で、残りの20％弱が教育課程の編成にまで進んでいる状況である[6]。上手くいっている例が、大学附属の幼稚園と小学校の場合であり、校区の違いを抱える幼稚園と小学校や、まして保育所ではこのような接続カリキュラムという形での取組は皆無に等しい。その原因や背景には、保育・幼児教育における遊びを中心とした総合的な指導を通しての保育内容５領域の教育、環境を通しての教育という独特な方法原則と、教

科学習・指導を中心とする小学校の教育では、教育内容や方法の面での異質性が目立ちそこに通底する子ども理解が難しく内容を小学校の学習につなげた教育課程の編成が困難であるという事情がある。子どもにとっての「段差」とも言われるが、むしろ指導をする教師や保育者の側の前にはだかる「教育方法」「指導方法」の理解の段差の方が大きい。

　前回の小学校の学習指導要領には、「小学校間、幼稚園や保育所、中学校及び特別支援などとの間の連携や交流を図る」（総則第4指導計画の作成）ことが示され、教科の中では「特に、第1学年入学当初においては、生活科を中心とした合科的な指導を行うなどの工夫をすること」と記述され、その他に「国語」「音楽」「図画工作」の3科目を中心に「幼稚園教育における言葉（あるいは表現）に関する内容などとの関連を考慮する」[8]と明記され、「合科的な指導」によって「発達と学びの連続性」の理念を実現する方途を示した。また、「アプローチカリキュラム」「スタートカリキュラム」を提案して教育課程の滑らかな接続を図ろうとした。だが、実際にはそれ程進んでいない。

　以上のような経緯を踏まえて、2017年告示の学習指導要領、幼稚園教育要領、保育所保育指針等に示された「幼小接続」の課題へとつながるが、そのポイントは教育課程編成とそれに基づく保育・教育内容の方法的実践の在り方にあると考える。

⑵　「3つの資質・能力」と「幼児期の終わりまでに育ってほしい姿」が提起したもの

1）乳児保育からはじまる「3つの資質・能力」と「学びの方向性」

　幼稚園教育要領等では、生きる力を育むために乳幼児期において育みたい資質・能力として「知識及び技能の基礎」「思考力、判断力、表現力等の基礎」「学びに向かう力、人間性等」という3つの柱が明記され、—その前段階としての乳児期の保育にも3つの柱が保育所保育指針には示された—　小学校、中学校、高等学校等の教育へと貫かれるものとされた。幼児教育の立場からのこの資質・能力の捉え方について、要領改訂の中心メンバーの無藤隆は、「子どもの根幹となる力の育ちを捉えるもの」として、次のように説明する。

　　　この3つの柱は（引用者）、知的な面と情意的・社会的な面とからな
　　ります。知的な面は特に対象の特徴を捉えるという働きと、それを自分
　　の側で捉え直し、課題解決に向けて検討していくという思考の働きがあ
　　ります。即ち、第1は「知識及び技能の基礎」で、特に乳幼児期には「気
　　付き、できるようになること」として、知的または身体的関わりのプロ
　　セスを強調しています。第2は「思考力・判断力、表現力の基礎」で、「試
　　し工夫すること」がそのプロセスの中心です。第3は「学びに向かう力、
　　人間性等」であり、物事の面白さ・不思議さなどに心を動かされ、そこ
　　からやってみたいことが生まれ、そのことに向けてしばしば他の子ども
　　と共に粘り強く取り組むことからなります。[9]

　この説明からは、初めの2つの柱が「知的な面」を指し、3つ目の柱が「情
意・社会的な面」と理解される。幼児教育が小学校以降の学習の基盤の育成
につながるという使命を果たすうえで、「できるようになる」「課題解決」「試
し工夫する」といった言葉からは、明らかに知識基盤型社会ベースの学力観
が乳幼児の教育にまで波及したことが裏付けられる。幼児期から小学校以降
への接続が「学びの地図」という枠組みとして示され、「学びに向かう力」
では「学びの芽生え」から「自覚的な学び」へという学校の学習観を前提に
した「学び」が強調された。それに加えて、自己抑制、協調性、持続力、耐
性など「社会情動的スキル（非認知的能力）」の獲得が「人間性等」のことを
意味している。つまり、幼児期の発達課題である生活の自立、遊びを通して
の自己形成がこのように学校段階の「学び」の範囲に矮小化されて強調され
ている。生涯学習の重要性の強調、幼児期からの質の高い教育と経済的効率
などの優先から、ついに、「21世紀型コンピテンシー」の学力観が乳幼児教
育にまで浸透してきたと理解する。このことに関して批判的なスタンスから
は、「学ぶ『態度』や『非認知的能力』が子どもが生きる状況やコミュニティ
のありようから切り離された『個人的特性・傾向』として扱われている点」
に本質的な問題があると指摘する意見も少なからずある[10]。

2）「幼児期の終わりまでに育ってほしい姿」と幼小接続カリキュラムの課題
　今回の改訂で「幼小接続」に関連する最も大きな変化は、幼稚園、保育所、
幼保連携型認定こども園において教育課程に反映させるべき課題として「幼

児期の終わりまでに育ってほしい姿」（「健康な心と体」「自立心」「協同性」「道徳性・規範意識の芽生え」「社会生活との関わり」「思考力の芽生え」「自然との関わり・生命尊重」「数量や図形、標識や文字などへの関心・感覚」「言葉による伝え合い」「豊かな感性と表現」）という10の姿が具体的に示され、幼児期の教育の側だけでなく小学校低学年でも共有すべき事項として学習指導要領に明記されたことにある。

　幼稚園教育要領では、保育内容5領域の「ねらい及び内容に基づく活動全体を通して資質・能力が育まれている幼児の幼稚園修了時の具体的な姿であり、教師が指導を行う際に考慮するものであ」[11] り、教育課程編成の重要な鍵となるとされた（保育士などの文言は違うが、保育所・認定こども園においても同様である）。

　同時に、小学校学習指導要領にも「資質・能力の3つの柱」と「幼児期の終わりまでに育ってほしい姿を踏まえた指導」[12] をすることが「学校段階等間の接続」の項で新たに明記され、指導要領解説には「幼児期の終わりまでに育ってほしい姿を踏まえた指導を工夫することにより、幼稚園教育要領等に基づく『幼児期の教育を通して育まれた資質・能力』を踏まえて教育活動を実施し、児童が主体的に自己を発揮しながら学びに向かうことが可能となるようにすること」[13] と記述された。汐見稔幸の説明によれば、小学校との共通用語を持つことで「小1プロブレムの解消につなげ」滑らかな接続を実現するねらいがあると言う[14]。

　この「10の姿」の受け止めについて幼児教育・保育の現場では、到達目標なのか方向目標なのかという戸惑いがある。これについて解説では、「指導を行う際に考慮すること」であり、「到達すべき目標ではないこと」「個別に取り出して指導されるものではないこと」「幼児期にふさわしい指導の積み重ね」によって「育ちとして生まれ」「小学校以降へと伸びていくもの」だと説明する。これをめぐっては賛否両論ある。改訂の立場に同調する中坪史典は、「幼児教育における評価の捉え方」として、次のような説明をしている。

　　3歳であれ4歳であれ子どもは、それぞれの年齢や発達段階にふさわしい豊かな体験を積み重ねることで、幼児期の終わりになると『10の姿』がみられるようになります。豊かな経験とは、子どもが周囲の環境に主

　　体的にかかわり、自らの遊びを発展させる中で、心が動かされるような
　　体験のことに他なりません。つまり環境を通した教育のもと、自発的な
　　活動としての遊びを育むことが、自ずと『10の姿』に向かうのです。[15]

　いかにも豊かな経験によって自然発生的に10の姿が生まれてくるような楽
観主義が見え隠れするが、幼児教育・保育の現場では、細分化された子ども
の姿からは多分に、細分化された評価につながり、そのための学校化した教
育課程を生み出すことにもなりかねないことが懸念される。なぜなら、大宮
が指摘するように、改訂前の中教審の報告書において「幼児期の教育は『学
びの基礎力の育成という目的』を小学校と共有するものとした上で、幼児期
から到達目標を明確化することが不可欠」「その姿をイメージとして日々の
教育を行っていく必要がある」という意見もあったことから、当初は「到達
目標」という言葉が出ていたことは看過できない。幼児期の指導の特徴であ
る環境を通しての教育や遊びによる総合的な指導という原則を配慮したの
か、曖昧な「イメージとしての姿」になっている。これについて大宮は、「こ
れらは幼児教育を『幼児期にふさわしい生活』を目的としたものから『次の
段階の小学校教育をより効果的に実施するための基礎的準備』を目的とした
ものだ」と批判し、小学校ではその前提に立って教育を行うのであれば、「『姿』
に合致していない子供を否定的にみる雰囲気がつくられてしまわないか、一
人ひとりの多様な育ちや人間らしい自主性が押さえつけられはしないかとい
う懸念はもっともなものです」[16]と述べているが、現場では「到達目標」で
はない、指導「過程」において「イメージする姿」だと言われても、実践者
が細分化された「10の姿」から子どもを見てしまうことが結果として子ども
評価につながっていく危険性も否めない。既に、「スタートカリキュラムの
実践」研究として、1年生の担任教師が4月から6月まで月ごとにこの「10
の姿」から入学児一人ひとりの「見取り」を項目ごとに表にしてチェックし
ていくような先導的試行もなされている[17]。
　このように、「10の姿」の捉え方をめぐっても賛否両論があり、今後の実
践の展開の中でさらに具体的な議論も出てくることが予想される。従来から
言われ続けてきた「学校の前倒し」「学校教育の下請け」ではなく、「幼児期
の特性」を生かしつつ、「発達と学びの連続性」の標語のもとに、「学び」重

視の方向での小学校教育との接続をどう実現していくかという課題の前に立たされているのであり、この点を避けて通ることはできない。

3　学習集団づくりの立場から ―「できる・できない」を超えて ―

　学習集団づくりの立場から「幼小接続」の実践で求められる視座を確認したい。今の日本の幼児たちは、一方では将来社会で失敗しないための早期教育の煽りによって、もう一方では「子どもの貧困」などの問題にあらわれているような生活格差から、幼児期に必要な本来の遊びや生活が奪われつつある。子どもを学習と生活の主体にすることをめざす学習集団の研究と実践は、学級を教師によって管理される集団から、子どもたちによる自立・主体的な集団に変えていく過程で一人ひとりの「生存権＝学習権の要求」をますます強力なものにし、人間としての自立を実現していく実践を切り拓いてきた。まとめとして、学習集団研究の立場からは、どのような課題が見えてくるかを挙げてみる。

1）「もっと遊びたい」を子どもの人間的要求ととらえる

　「教育とは、『明日を生きる喜び』を一人ひとりに教えることであり、一人ひとりの『可能性への愛と要求』のドラマを実現していく仕事である」と主張して学習集団づくり論を築いた吉本均は幼小接続のテーマに直接触れているわけではないが、『授業と集団の理論』（1966）で幼児期と学童期の子どもの人間的な発達、生活・学習主体をどの子にも保障していく実践を展望するうえで、次のような意義深い主張をしている。

　　学級づくりの過程で子どもたちのさまざまな人間的要求、「もっと遊びたい」「もっとボールがほしい」「もっとわかる授業にしてほしい」などの訴えが提出されてくる。これらの人間的な要求や願望をほりおこし、正しく認めてやり、それらひとつひとつを充足してやることによって、子どもたちの権利意識はつよまってくる。こうしてはじめて管理権を自主的に行使することのできる人間が育つのである。[18]

　吉本は、授業でわかりたいという要求・願望と遊びたいという要求・願望

のどちらが上でどちらが下というような理解ではなく、どちらも人間的な要求・願望としてとらえ、その要求を丁寧にほりおこし、充足していくような教育実践の重要性を説いている。ではどのような学習観からこれは可能なのか。それには知識・技能の習得をめざしての「直接的学習」と並んで、「別の目的を実現することをとおしての学習」、つまり「間接的学習」における子どもたちの活動－つまり、「子どもたちが夢中になれる遊びやスポーツ、その他文化活動や生産的な作業を創造する必要がある」と述べ、これをいたずらに「学校くさいもの」にしてはいけないと説く。そして「子どもたちが夢中になって情動的体験を実現しうる集団作業」が大事にされることによって、子どもは学習規律によって管理される状況から、自主管理できる方向へと変えていくことが教師に課された課題である[19]、という。

　上記の「子どもたちが夢中になって情動体験を実現しうる集団作業」とは、幼児期においては、何よりも遊び活動のことであり、遊びは子どもが人間的要求を自分たちで実現していく可能性をもつ優先的な活動なのである。それは、細分化された「学び」のねらいから小分けするような指導とは相入れない。「学び」の目標から解放された子どもたち自身の独自の目的を探求する過程で仲間との協働、意見の食い違い、思うようにならない葛藤、しかし、面白いから続け、展開していく活動を組織していく指導のプロセスで育まれる「人間的要求」と「自立」への実践的挑戦こそが、小学校での「もっと学びたい」という要求を培う土台となることを示唆している。

2）活動主義からの脱却として、「人間の学び方」に立つ

　杉山直子は、「生活科を中心とするカリキュラム編成」として、次のように指摘する。

　　　幼児期と小学校低学年時期が「体験活動が中心」の同じような発達特性を持つため、低学年時期に活動・体験を多く取り入れ、生活科など他教科との関連を積極的に図っていくことが接続カリキュラムと位置づいているが、このままでは活動・体験主義に陥る。具体的な活動・体験と知的学びと学びの主体との関係と、人間の学び方の理解が必要である。[20]

　ここで杉山は、生活科が「学校適応」に矮小化されていく傾向を批判し、

具体的な活動・体験との関連で主体的な学びの関係を明らかにし、「人間の学び方」の理解を基軸にした実践を要請している。そして、それは「子どもが『環境の構成者』『生活者』という立場を重視する」[21]ことだとも指摘する。

3）「段差」への挑戦は発達の喜びである

　幼児教育の立場から集団づくりの実践研究を積んでいる長瀬美子は、今回の改訂で強調される「円滑な幼小接続」の捉え方として、「段差」に着目して次のように述べる。

　　　「円滑」とは、段差がないことではなく、段差を「期待」と「発達の喜び」につなげることだと考えます。つまり、幼児期につけた力を小学校以降の教育に直結させることではなく、つけた力を土台にして、新しい学びの世界に「期待」をもって踏み出し、そこで挑戦し乗り越える中で「発達の喜び」を感じることなのです。（中略）「育みたい資質・能力」や「育ってほしい姿」の観点を共有することよりも、現実の姿を相互に伝え合うことや、互いの実践を交流しあいながら、保育内容・教育内容での接続（積み重ね）を探っていくことこそ大切なのではないでしょうか。[22]

　子ども自身が発達の主体であること、現実の子どもの姿に寄り添う視点を強調している。ここからは、子どもは幼児期であれ学童期であれ、「望ましい姿」を指標として教育や指導によって育つのではなく、一人ひとりの子どもが喜びと期待をもって挑戦していくような指導や援助、保育・教育内容こそが接続のかなめであると指摘している。

4）諸外国の試みから学ぶ

　山本理絵は幼児教育を学校準備型ではなくホリスティック型の立場で推進している北欧諸国（フィンランドやスウェーデン）の接続の取組に注目して研究を進めている。フィンランドやスウェーデンの接続の取り組みから、「就学前クラスのカリキュラムでは、子どもが安心して生活でき、様々な活動に挑戦し自信をつけることができるように援助すべき」と示唆して、「学べば学ぶほど自信がなくなるような教育・保育ではなく、自信や自己肯定感を育むことが重要であろう」[23]と述べる。このようなホリスティック型の幼小接続における学びは、評価とは無縁の「安心」や子どもの幸せを大事にすると

ころから出発する。そして、山本は幼小接続の有効な方法としてのプロジェクト活動に注目している。

　以上、学習集団づくり研究に根ざす立場から幼小接続に関わる教育方法の指摘を取り上げた。ここから言えることは、子どもの学びを生活から切り離さないこと、子どもの生きることへの期待に応える学びの創造、自己肯定感を育むこと、それを支える集団づくりの意義である。今一度、学習集団研究の原点に戻りつつ、新たな幼小接続の課題を受けて複雑な時代に生きる子どもの権利保障、主体としての学びの実現につながるような実践的研究が求められる。

註

1 ）保育所のこの経緯については、杉山直子「接続期—カリキュラム—幼児期から小学校教育へ—」『広島都市学園大学子ども教育学部紀要』第 3 巻 1 号、2017年、35-36頁に詳述。
2 ）先行レビューを整理した大掛かりなプロジェクトの成果が参考になる。国立教育政策研究所（研究代表　渡邊恵子）「幼小接続期の育ち・学びと幼児教育の質に関する研究」（https://www.nier.go.jp/05_kenkyu_seika/pdf_seika/h28a/syocyu-5-1_a.pdf#search）
3 ）最近話題を呼んでいるジェームス・J・ヘックマン著・古草秀子訳『幼児教育の経済学』東洋経済新報社、2015年やP・タフ著・高山真由美訳『成功する子　失敗する子　何が「その後の人生」を決めるのか』英治出版、2013年など。
4 ）中央教育審議会「子どもを取り巻く環境の変化を踏まえた今後の幼児教育の在り方について—子どもの最善の利益のために幼児教育を考える—（答申）」文部科学省、2005年 1 月。
5 ）福元真由美「幼小接続カリキュラムの動向と課題—教育政策における 2 つのアプローチ—」日本教育学会編『教育学研究』第81巻第 4 号、2014年、22頁。
6 ）文部科学省「平成24年度幼児教育実態調査」2013年 3 月。（http://www.mext.go.jp/b_menu/houdou/25/03/1332302.htm）
8 ）文部科学省「小学校学習指導要領」（2008年年 3 月告示）
9 ）無藤隆編著『育てたい子どもの姿とこれからの保育—平成30年度施行　幼稚園・保育所・認定こども園　新要領・指針対応—』ぎょうせい、2018年、 3 頁。
10）大宮勇雄編著『どう変わる？何が課題？—現場の視点で新要領・指針を考えあう』ひとなる書房、2017年。
11）文部科学省「幼稚園教育要領」第 1 章 2 節 3 、2017年。
12）文部科学省「小学校学習指導要領」総則、 4 、2017年。
13）文部科学省「小学校学習指導要領解説」総則編　第 3 章、2019年。

14）汐見稔幸『2017年告示新指針・要領からのメッセージ―さあ、子どもたちの「未来」を話しませんか』小学館、2017年。

15）中坪史典「『幼児期の終わりまでに育ってほしい姿』に向けた実践の評価」、無藤隆編著、前掲書、170頁。

16）大宮、前掲書、2017年、13-14頁。

17）松嵜洋子「幼児期の学びを生かしたスタートカリキュラムの実践」千葉大学教育学部研究紀要第66巻第2号、2018年。

18）岩垣攝・豊田ひさき編解説『学級の教育力を生かす　吉本均著作集1　授業と学習集団』明治図書、2006年、63頁（吉本均『授業と集団の理論』1966の再収録）。

19）同上書、2006年、63-65頁。

20）杉山、前掲論文、2017年、40頁。

21）同上。

22）長瀬美子「乳幼児期の豊かな『学び』をどう保障するか」大宮編著、前掲書、2017年、70-71頁。

23）山本理絵「小学校への移行期の生活と保育・教育方法に関する一考察―スウェーデンにおける教育ドキュメンテーションとプロジェクト活動の調査から―」『愛知県立大学人間発達学研究』第8号、2017年、71-87頁。

（豊田　和子）

第2部

学習集団づくりによる教育実践の記録と解説

第1章

子どもたちの主体性と多様性を大切にする保育
── やりたいことの実現を通しての創造的な学び ──

　こすもす保育園は名古屋市の閑静な住宅街の中にあり、桜で有名な山崎川があるなど、緑豊かな環境にある。共同保育所から52年目を迎え、「つよく　かしこく　こころゆたかなこ」を保育の理念に、就学前までの子どもたち100名定員で年齢別保育をしている。あそびを中心に、さんぽや戸外活動を大切にしている保育園である。

　近年、「次は何をするの？」「お茶のんでいい？」と保育者に聞かなくては行動できない子や、どんなことにも「できる」か「できないか」に過剰に反応する子たちの姿を見るようになった。そのため、自分で考えて行動できることや、「できた」「できない」ではなくて「やりたいこと」をとことんやってみること、その過程の中でうまくいかないこともたくさん経験しながら、仲間の中でそんな自分も素敵だと実感できる体験をたくさんしてほしいと願って保育してきた。以下では、子どもたちが「自分で決める」ことや子どもの主体性にこだわって保育してきた2年間の実践を提案する。

1　思いを形に、やりたいことが実現できるように

　3歳児クラスで出会った子どもたちは、保育者が「こんなことしてみない？」と提案しても、「え〜」と否定することが多かった。きっと他にやりたいことがあったり、"保育者が決めないでよ〜"と思っていたりするのだろうと考えていた。今、振り返ってみると、この時は大人の"こうなってほしいな""みんなで楽しいことしようよ"という思いが強かったように思う。

　3歳児クラスから持ち上がり、初めての4歳児（24名、うち1名軽度の発達障害）の担当になった。どんなふうに保育をつくっていったらいいか、分からないことも多かったが、どんな楽しいことを一緒にしていこうかな、という期待を胸に、子どもたちとの新しい生活が始まった。

【4・5月の子どもたちの様子】

> 　4歳児だいこんぐみは、一人ひとり、個性豊かで自分の思いをいっぱい持っている子どもたちで、朝の会で今日はどこに行くかの相談をしたり、お休みの子を確認したりしているとすぐに友だちとのおしゃべりが始まり、「聞いてよ〜」と思うこともよくあった。
> 　そんな子どもたちだが、楽しいことには目をキラキラさせている姿に手応えも感じていた。散歩に出かけると、男の子を中心に公園で大量の毛虫を発見。「みて、けむしいた！」「あっここにもいた！」「こっちも！」「ふわふわだった〜」「けむし51ぴきもいたよ！」「これはガになるのかな？」と男の子たちが桜の木の下に集って興味津々。40分くらいずっと夢中になって毛虫を収集していた。「もってかえりたい（育てたい）！」と言い始め、どんな毛虫になるかを図鑑で調べたり、毛虫のエサを取ってきたり、ガになるのを楽しみに毎日観察したりして、飼育してきた。そのおかげか、本当にガになったときには、「ガになったよ！」と嬉しそうに教えてくれた。「はやくにがしてあげないと！」「ごはんないから」とみんなでベランダからバイバイした。

　正直、保育者は虫が大の苦手なので「毛虫飼うの？！」と思ったが、毛虫一つで"何々、楽しそう！"と友だちが集ってきたり、毎日観察したり、こんなにも夢中になれるのだと思った。やりたいこと、好きなことは日々の中にあること、ほんのちょっとしたことでも子どもの発見から"楽しい"を感じられることに気づいた。好きなこと、やりたいことを大事に保育をしていきたいと思った場面であった。

　日々の生活の中や行事の中でも、子どもたちが自分たちの思いを形にし、やりたいことが実現できるように意識して保育していった。

(1)　日々の生活の中で

　散歩に行ける日は、子どもたちとどこに行きたいかを相談して決めてきた。「はつひこうえんにいきたい！」「ちびっこひろばでむしさがししたい！」とそれぞれ行きたい所を言い合い、どうしても「きょう○○へいきたい！」となかなか散歩先が決まらないこともあった。「ここに行けるよ」と、子どもたちが期待できるようにカレンダーに写真を貼ったりして伝えるようにしたことで、子どもたちは次に行けるところを楽しみにしていた。

> 　4歳児クラス後半の出来事。Dちゃんがずっと「とうざんそうでどんぐりひ
> ろいしたい」と言っていた。しかし、東山荘に行く予定だった日、Dちゃんは
> 都合でお休みになってしまった。東山荘へ行く道中、Aちゃんが「Dちゃんが
> いきたいっていってたのにね」と言うと、Wくんが「かわいそうだねー」、I
> くん「また、こんどDちゃんがいけるときにいけばいい」、Wくん「そーだねー」
> という会話が聞こえてきた。

　自分の思いも受け入れてもらえるからこそ、友だちのことを思う気持ちに
もつながっていくのかな、と嬉しく思った。

⑵　一人ひとりのやりたい！を叶えるお泊り保育

　こすもす保育園では5歳児になると県外でキャンプをするが、4歳児は9
月に保育園で一泊するお泊まり保育を行っている。だいこんぐみの一大イ
ベントのお泊まり保育。みんなの思いを実現できるチャンス！と思い、精一杯
子どもたちの声を聴いていこうと思った。

> 　8月から約一ヶ月かけて「だいこんさんだけよるもあそべるひ！」を合言葉
> に取り組みが始まった。保育者が「夜もあそべるけど、なにしたい？」と聞く
> と、「ピザたべたい！」「ハッピーセットたべたい」「アイスたべたい」「よるた
> んけんしたい」「ぼうけんしたい」「かいちゅうでんとうもってきたい」と食べ
> たいものを中心にいろんな意見が出てきた。他にも「ホールでごはんもたべた
> らいい」とか「ホールでねたい」という話から、「ねるとき、（保育者が）ピア
> ノひいてねたらいいじゃん」という話もでてきた。
> 　「ホテルにとまりたいな」というつぶやきが聞こえてきたので、保育者が「じゃ
> あホールをホテルにしちゃう？！」と聞くと、「いいじゃんそれ！」と子ども
> たちが興味を持ってくれた。「ホテルってなにがあるの〜？」という保育者の
> 問いに、「ベッド！」「レストランも！」と子どもたちのホテルのイメージにあ
> るものが出てきた。その後も、「おふろにもはいりたい！」どんなお風呂にす
> るか、どんなご飯にするか、おでかけはどこにいくかなど、子どもたちはとて
> も楽しそうにしたいことを言い合っていた。
> 　当日を迎えるまでの取り組みの中で、ホールをホテルにして泊まること、レ
> ストランで好きなものバイキングすること、夜の探検をすること、花火をする
> こと、お風呂に入ることなど、一つひとつ子どもたちと考えてきた。「よるご
> はんがたのしみだな」「○○はこおりぶろにはいること」「おれはたんけん！」「は
> なび！」と、どの子も自分のやりたいことがどこかに入っていて、お泊り保育

を楽しみにしている様子が伝わってきた。

　お泊り会当日は、一緒に泊まってくれる職員以外がホテルの人になりきり、子どもたちのホテルのカードキーも用意して、壮大なごっこ遊びが始まった。「いらっしゃいませ。だいこんぐみの皆様ですね。お待ちしておりました。」「ご予約のお名前は？」という一つひとつのやりとりに、子どもたちはニコニコとっても嬉しそう。お風呂では、自分たちが考えた「こおりぶろ」「みかんぶろ」「ばらぶろ」「きんにくぶろ」「あわぶろ」のお風呂を楽しんだ。レストランでは、支配人になった職員たちが「準備ができましたので、お迎えに参りました」とか、コック帽をつけたシェフが「メニューはスペシャルバイキングです。好きなものを好きなだけお取りくださいませ」「ごはんの後はデザートもご用意しております」と、ホテルの人になりきった。すると子どもたちも「まあ、おいしいこと」「つめたいのだいじょうぶかしら」とか「○○さま～！」「しぇふ～！」と、自然とホテルの雰囲気に溶け込み、すっかりその気になっていた。

　最後は一人ひとりの名前を呼んで「夜の泊まるお部屋」へ案内すると、カードキーをかざしてホールに用意された自分のベッド（布団）へ。女の子は「ホテルっ！ホテルっ！」と身体を揺らしてウキウキ！男の子たちが多い部屋は、プラスチック段ボールで作ったドアが壊れそうなくらいのすごい勢いで、布団ベッドの上で飛び跳ねていた。そして保育者によるピアノ演奏タイム。「なんのうた？」と気になりながら、友だちとコソコソおしゃべりしたり、光るブレスレッドを見つめたり、「おとまりほいくってたのしいんだね」とつぶやきながら眠りについた。

　約一ヶ月かけて、子どもたちと相談しながらお泊まり保育をつくってきた。一人ひとりの思いが詰まって実現していったお泊まり保育。子どもたちのお風呂やホテルに泊まる時の楽しそうに過ごす姿に、自分の思いが形になる嬉しさも感じていたのかな、と思った。また、取り組みをする中で、他の子が言う意見を聞いて、「わたしもばらぶろがいい」と友だちのやりたいことに賛同したり、「きんにくぶろ」は「きんにくつくからはいりたくない」と言ったりする女の子もいた。それぞれの意見や思いがあっても、基本的には、みんなのやりたいことを〝それもいいね〟と受け入れてきた。

2　目標は自分たちで決める

　こすもす保育園では運動会を、子どもたちが大きくなった姿を保護者とと

もに共感する場と位置づけ、3歳児は缶ぽっくり、4歳児は天狗下駄、5歳児は竹馬に取り組んでいる。5歳児のかぶらぐみさんに、新しい遊びとして天狗下駄を教えてもらっただいこんぐみの子どもたちは、「てんぐげたやっていい？」と毎日楽しんで天狗下駄に取り組んできた。最初はうまく乗れずにやりたくないと思う子どももいたので、下駄の歯を三本や二本にして安定感のある下駄も保育者が作って用意した。主に廊下でコツコツと練習し、マットや坂道、後ろ向き、ジャンプなどの技も楽しくなってきていた。

　そんな中で、運動会の予行練習があった。グループごとに次々に天狗下駄に乗りゴールに向かって歩いたが、途中で落ちてしまう子どももいた。Nくんは途中で落ちるとスタートからやり直し、次のグループに混じって何度も何度も挑戦し、ゴールまで行くことができた。"最初から落ちずにゴールまで行きたい！"というNくんの思いが伝わってきて、"落ちても失敗ではない"、"できた、できないだけではない"ことをみんなに伝えていきたいと思った。そこで翌日に、予行練習での姿をクラス全体で振り返りながら、Nくんから「あきらめないでさいごまでやった」という思いを聴き出し、自分が落ちたらどうするか聞いてみるなかで、"ゴールまで行く！"というクラスの目標ができた。また、一人ひとりがどんなふうにゴールをしたいか、落ちた時どうしたらいいかが分かっていると、安心してクラスの目標に向かっていけるかなと思った。「もっかいやる！」「とちゅうからやる！」「さいしょからやる！」とそれぞれ自分はどうするかを決めて当日を迎えた。

　運動会当日には、平坦な道、坂道などいくつかコースを用意し、子どもたちは自分のやりたいコースや技を選んでゴールを目指した。

　天狗下駄でKくんは「まっすぐのみちをごーるまでいく」と決めていて、たんたんと自分のペースでゴールまで行った。Oくんは「さかみちをいく」と言っていたが、先に出発した友だちが後ろ向きで行く姿を見て、「うしろむきでいく」と後ろ向きで挑戦。すぐに落ちて、何度もスタートに戻ってきては挑戦していたが、なかなか進まない。最後は前向きでゴールを目指した。Fちゃんは途中で落ちると「おちちゃった〜」と笑って戻ってきて、何回もやり直してゴールまで行けた。Nくんも何度も坂道の下るところでつまずいてしまったが、泣きそうな顔をしながらも最後までやりきった。

　Oくんは、具体的なやりたいことの中身は変わってしまったが、彼にとって

は自分がやろうと決めていたことの方が重要で、それは、落ちてもやり直して
ゴールまで行くことだったのだと思った。「諦めずに行く」ことが凄いことだ
という大人の価値を押し付けていないか悩んだが、Oくんの姿から、最後まで
行くこと、そして、どんなふうにゴールしたいかを一人ひとり決めていたこと
はすごく大事だった、と感じた。“落ちても大丈夫”“失敗じゃない”という安
心感のようなものを子どもたちが感じ、理解できたのではないかと思う。

3　やりたいことは一つに決められない

　年度末の２月に最後の行事として、「大きくなったお祝い会」という劇（表
現あそび）の発表会を行っている。４歳児は生活の中で遊んできたごっこ遊
びを土台とした「劇遊び」として取り組んでいて、この年の４歳児は「もも
たろう」を題材とした劇遊びを発表した。

　「ももたろうごっこ」が始まった当初は、どの子にもまずはいろんな役を
楽しんでもらいたいと思い、それぞれの役のグッズをたくさん作り、その日、
その日でやりたい役を選べるようにしてきた。保育者が扮するオニとの対決
内容（例えば、ももたろうは「すもう」、サルは「綱引き」で対決）で役を選んで
いる子や、友だちがやっている役だから一緒にやりたいと決める子、その役
になりきる楽しさに惹かれて決める子など、いろんな子どもたちの姿があっ
た。

　お祝い会本番の一週間くらい前になり、保育者としては、一人ひとりが自
分の役に愛着を持って取り組んでほしいと思っていたので、そろそろ自分の
役を決めてもらおうと考えた。そして、子どもたちに「本番の時、何役にす
る？」と何の役がやりたいかとその理由も聞いていくことにした。

【Rくんの姿】

　Rくんは、キジ、サル、ちびももたろう、いろんな役を楽しんでいた。その
中でも、サルかキジを選ぶことが多かったので、どちらかにするのかなと思っ
ていた。最初に「本番どうする？」と聞いた時の答えは「キジ」だった。「で
もやっぱりサル」「Bちゃんがいるから」とも言っていた。Bちゃんがサルを
選んでも一緒にやらず、キジやももたろうにしている姿もあり、いろんな役

を楽しんでいるんだな、と思っていた。

　お祝い会をいよいよ週末に控えた月曜日、子どもたちも「あと4かいねたら（本番）だ！」「れんしゅうしないと！」と気持ちが入ってきている様子だった。そこで、「ごはんを食べる時のテーブルを役ごとにしてみない？」と提案してみると、「いいねー！」という声が返ってきたので、席を移動してみることにした。すると、Rは「サルがいい」とサルのテーブルに座った。しかし、その後の取り組みでは「R、キジがいい」「ジャンプしたいから」と言い出し、キジを選んでいた。保育者は「えっ？！そうなの？」と思いながらも、Rの帽子をキジにすると、Rはとっても嬉しそうにしていた。それから本番まで何回聞いてもRくんは「キジ」と答え、リハーサルもキジ役で出た。しかし、家では「サルになった」と言うこともあったという。

　本番当日の朝も、Rのママは「（Rは）キジやる。やっぱりサル。とまだ定まっていない様子。本番を楽しみにしたいと思う」と言っていた。保育者には「キジにする」と言い、朝の遊びの時からキジの帽子をつけていた。本番前の記念撮影の時もキジだった。しかし、数分後ホールへ行こうとすると、サル役の耳をつけているRの姿があった。

　Rに理由を聞くと「（サル役の）つなひきしたいから」と言っていたが、本当にそれだけ？と心模様が見えなくて気になった。しかし、振り返って考えていく中で、Rにとっては、「本番これ見せたい！」という思いよりも、毎回やりたいことを楽しんでいたのかな、その都度一番やりたいことを選んでいたのかなと思うようになった。

　役に愛着をもってほしいというのは大人の思いで、子どもたちにとって「自分で決める」ということは、いろんな役を経験しながら自分のやりたいことを「これがやりたい！」と見つけることだったり、自信があることだったりする。Rにとっては「ジャンプもつなひきも楽しい」ことで、楽しいことが一つではないからこそ、どの役も経験しながら迷って決めていったのかなと思った。やりたいこと、したいことがたくさん見つかって、その思いが言えて、できることが大事なことだと感じた。決めたことをやる、決めたからやらなければ、ではなく、「楽しいからこれやりたい」とか「自信があるからこれがいい」「大好きな友だちが一緒だからやりたい」と、決めていく中身はいろいろあっていいし、いろんなことを経験する中で迷いながら決めていけるのではないかと思う。

4　仲間の頑張りに気づいて思考する５歳児

(1)　リレー遊びの始まり

　５歳児クラスになって、新しい遊びとして、８月の終わり頃からリレーを始めた。初めてリレーの取り組みを進めるにあたって、仲間の中で思いを出し合いながら、友だちの頑張りに気づいたり、最後まで諦めない心や勝ち負けだけではない価値を子どもたちに感じてほしいと思っていた。「やればできた！」という達成感を感じ、お互いを認め合えるようにすることを目標として、目標に向かってグループで相談したり、全員で力を合わせて達成することを体験するようにクラス運営しようと考えた。

　保育者がリレー遊びを提案すると、「はやくやりたい！」と子どもたちは大興奮でやる気満々だった。まずは、生活グループを２グループ合わせた２チームをつくり、走る順番はチームの中で（ホワイトボードに各自のマークを貼っていくようにして）子どもたちに決めてもらった。そしていざスタートすると「○○がんばれー！」「いけー！」と次つぎと声援を送っていた。タッチのところで次の人が誰なのかわからなかったり、タッチをしないで勢いよく走り抜けていったりはしたが、一回戦が終ると「もういっかいやりたい！」と子どもたちは楽しんでいた。

　１チームの人数を少なくしてグループ対抗のトーナメント戦もやってみたが、子どもたちは12人ずつの２チーム対抗戦を好んだ。最初のうちは、勝負や作戦を考えずに、自分の走りたい順番を言ってチームで決めていた。結果的に負けて悔しくて泣く子どももいたが、"次は勝とうね"と励ます子どももおり、勝った楽しさを感じ始めていた。しかし、"このチームで勝ちたい！"と思う気持ちまではなかった。

(2)　転んで走れなかったＳくんの心の成長

　グループの組み合わせでいろいろなチームでリレーを楽しんだ後、９月中旬に、そろそろ運動会に向けて"このチームで勝ちたい！"と思えるように、まずは固定したチームを決めようと考えた。自分の走りたい子とペアを作って、２チームを作らない？と提案してみると、子どもたちは「いいよー！」

と言うので、さっそく誰と走りたいか相談し、運動会当日でも走る2チーム
を作った。このとき、Uちゃんは転んでも立ち上がって、次の人にバトンタッ
チしていたが、Sくんは、転んで動けなくなってしまい、そのままリレーが
終了になってしまった。そこで、UちゃんとSくんにこの時の気持ちを聞い
てみることにした。

保「昨日リレーでSくんが転んだね」「あの時どんな気持ちだったのー?」
S「いたかった」「いたくてさいごまではしれなかった」
Sの言葉をみんなも、"そうだよね"という感じで聞いている。
保「Uちゃんも転んで泣いてたね」「だけどなんでUは走ろうと思ったの?」
と聞くと
U「かちたいから」と言っていて、みんなもそれを聞いている。
保育者は"そうなんだねー"と事実だけを話してもらって終わった。

　保育者は、「諦めないで走ることの大切さ」を伝えたいという思いもあっ
たが、その価値は、保育者が直接伝えるのではなく、子どもたちが経験しな
がら感じていってほしいと思い、まずは、SくんやUちゃんの気持ちをみん
なにも知ってもらうことを大事にした。

　9月下旬に、運動会当日と同じ距離でのリレーを始めた。ドキドキしやす
いSくんが、自分から「アンカーがいい」と自分の思いを言い、アンカーに
なった。しかし、白チームにリードされ、涙を堪えながらゴールした。以前
は転んで立ち上がれなかったSくんだったが、負けていても最後まで走りき
る姿がみられ、成長を感じた。

　オレンジチームが負け続けた次の日の朝の会で、リレーの話題になり、
「チームかえたいな」とSくんがつぶやいた。それを聞いたMくんも「おれも。
きのう3かいまけたから」と言うので、保育者はみんなに相談してみた。「が
んばればかてるとおもう」「かえてもまけるかもしれないから、いみがない
とおもう」などの意見がでて、結局、メンバーはそのままにすることになっ
た。保育者は収拾がつかない話し合いになったらどうしようとも思ったが、
Sくんは「どうしたら、かつことができるか?」を考え、「チームをかえた
らかてるかも?」とつぶやいたり、みんなで話し合って考えたことですっき
りしたようだった。

⑶　チームを越えて、仲間の頑張りに気づく子どもたちの姿

　その後も、子どもたちから「リレーやりたい！」との声でホールでリレーするものの、またもやオレンジが負けてしまう。そして次の日の予行練習へ行く前のこと。

> 　Hは保育者に「オレンジチームまけてばっかりでかわいそうだから、みんなにないしょでおしえてあげてね」と白チームの『ぬかしたらまえにいってしろいせんのちかくをはしる』作戦を教えてくれた。そのことを保育者がオレンジチームに伝えると、「やってみよう」ということになった。この日は、Wくんもお母さんから聞いた「つまさきではしるとはやくはしれる」ことをチームのみんなにコソコソ教えていたり、リレーの走る順番も〝遅い子が先に行って、速い子が後から抜かすのは？〟と考えていた。始まる前もWくんが「あれとあれのさくせんね！」とみんなに伝え、意気込んでいた。この日の結果は１対１で、初めて勝てたオレンジチームは「やったー！」と嬉しそうだった。

　運動会６日前になり、リレーへの意気込みを感じられるようになった。

> 　白チームは作戦を話し合っていたが、オレンジチームは「どういうさくせんにする？」と言うものの、各自が自分の走りたい順番を伝え、自分の順番が決まると、全員が決まっていなくてもトラックを走る練習をしにいってしまう姿があった。この日は２回戦やって、２回とも白チームの勝ちだった。２回戦目でオレンジチームのアンカーだったNくんが落ち込んでいると、白チームのTくんが「Nがんばってた」と声をかけていた。保育者が「Tはなんでそう思ったの？」と聞くと、「もうだっしゅしてたから」と言っていた。

　Nくんの最後まで諦めずに走る姿を見て、負けたけど〝一生懸命走ってた！〟とその頑張りに気づいて声をかける姿に、Tくんの成長を感じた。この時点ではチームで作戦を話し合うことまではできていないが、勝つために〝自分が速くなりたい〟思いはあって、みんな速くなって自分の役割を果たそうと必死だったのかなと思うので、それはそれで、頑張りを認めてあげたいと思って、見守っていた。また、次の日、相手チームに抜かされて「Yちゃん、やっぱりおそい」と言った子に対して、Nくんは「そんなこといわないで！」と言い合う姿もあった。Nくんに「なんでそう思ったのー？」と聞くと「Yちゃんがだいすきだから」と言っていた。大好きな友だちで、同じチー

ムで一生懸命走っていることも知っており、仲間のことを思う気持ちが、少しずつ育ってきているのかなと嬉しく思った。

運動会5日前にもオレンジチームが負けてしまい、次のような会話があった。

> Cくんが「オレンジチームにいきたい」とつぶやいた。保育者は、運動会の日を目前に、このタイミングか？でも勝ってばっかりだし、おもしろくないのかな？オレンジにも勝たせてあげたいからかな？といろいろ考えながら、Cくんの思いは知りたいし、みんなにも知ってもらいたいと思って、聞いてみることにした。
> 保「Cくんは、なんでオレンジチームに行きたいって思ったの？」
> C「いつもしろばっかかって、オレンジチームもかたせてあげたいから」
> E「Cがつまんないっていってたよ」
> T「いいじゃん、Hがしろチームにいるんだから（Hのことを速いと思っている）」
> U「えっでも、いつもオレンジにいくのはいやだ。」
> C「え？いっかいだけだよ」との言葉に"一回ならいいよ"となり、一回だけCくんがオレンジチームに行くことになった。

この時、子どもたちがそんなふうに思っていたとは予想していなかったので、保育者は「一回だけか」と拍子抜けした。しかし、Cくんは、白チームの子達に「いかないで」と頼りにされていることも感じていたからか、シンプルに一回は勝たせてあげたいって思っただけかな、と思った。その後、オレンジチームも走る順番などの作戦を考えるようになり、運動会当日まで毎回順番を決め直してリレーを楽しんでいた。

リレーに取り組む中で、オレンジチームが負けると白チームの子たちが、傍にいって声をかけてくれていたりする姿もみられた。同じような経験をしたからこそ相手の気持ちが分かるし、敵チームだけど仲間の気持ちを考えたり、またその子の思いを知ることで、また一つ友だちのことを理解していくのかなと思った。

運動会が終わり、子どもたちに「運動会でやりたいって思ってたこと全部やれた？」「運動会楽しかった人ー？」と聞いてみると、「うん！やれた！」「たのしかったー！」とみんなが言っていて、まずは一人ひとりがやりたかったことをやれて、"楽しかった！"と思えてよかった。そして、リレーの取り組みから、Sくんの成長を始め、集団の高まりも感じることができたような

気がする。

（横井　生、古賀　さゆり）

5　子どもの感じる面白さに依拠した主体形成

⑴　いま、子どもの主体性を追求する意義

　こすもす保育園では、主体的に保育者の指示に従うことではなく、子ども自身が「やりたい」ことをとことん追求する姿に、子どもの「主体性」を見いだしている。こすもす保育園が子どもの主体性を大切にすることにこだわるきっかけの一つには、大人からの評価に合わせて「やりたい」ことを決める子どもの姿がある。自分自身の「やりたい」ことがない、あるいはそれに気づけていない子どもが今日少なくない。さらに、今日の保育現場では、子どもの思いが蔑ろにされかねない状況がある。今回の保育所保育指針等の改定では、「幼児期の終わりまでに育ってほしい姿」が提示されるとともに、計画に基づく保育の実施とその振り返りに基づく改善が求められた。到達目標ではないとはいうものの「育ってほしい姿」などの目標が掲げられることで、子どもの姿から子どもの思いや願いを読み取って活動を計画することより、目標に照らし合わせて活動を計画したり、子どもを評価したりする保育に陥ることが危惧されている。保育指針等の改定により、保育領域でも学校教育と同様に子どもの主体的な活動が一層重視されるようになった一方で、一人ひとりの子どもの「やりたい」ことはますます保障されにくくなっている。こうした中で、大人にやらされるのではなく、子どもが主体的に、自分の「やりたい」ことがやれる経験を保障しようとしているのが、こすもす保育園の実践である。

⑵　子どもたちの「やりたい」ことを実現するとは

　子どもの主体性を大切にするといっても、実際の保育実践の中では、子どもたちの「やりたい」「やりたくない」といった主張をどこまで受け入れていいのか、判断に迷うことが多い。しかし、特に4歳児の実践では、子どもたちの「やりたい」「やってみたい」思いを徹底して受け止め、実現させて

いる。お泊まり保育では、全職員を巻き込んだホテルごっこを展開し、日々の散歩においては、大量の毛虫を持って帰りたいという子どもの要求を、安全性を確認した上で受け入れている。毛虫自体には興味がない子どもや嫌いな子どももいたかもしれないが、大量の毛虫のおかげか、毛虫の飼育や観察がクラス全体の活動に発展している。これらの活動は、あらかじめ教育的意図をもって始められたわけではなく、子どもの発想から保育が展開されている。その際、子どものどのような声を拾い、どのように発展させていくのか、その判断基準はあくまで子どもたちにとって面白いか、子どもたちがワクワクしているかにある。保育者は、目をキラキラさせているといった子どもたちの表情にも敏感である。また、子どもの声を聴くだけでなく、子どもにとって面白い、魅力的な教材も準備している。劇遊びやお泊まり保育では、ワクワクするようなグッズやセットが用意され、子どもたちが遊びの世界に入り込むことができている。子どもにとって面白いことにこだわり、子どもたちの言葉にならない思いも含めて「やりたい」ことを一緒に実現させている。

　４歳児の実践では、直接保育者に出される要求だけでなく、「ちょっとやってみたい」といった子どもの思いの「今」も受けとめられている。運動会当日にＯくんが突然友だちの技を真似して天狗下駄の乗り方を変えて挑戦したり、劇の役を迷っていたＲくんが本番の出番直前に役を変えてしまったりしても、保育者はそのまま見守っている。「なんで急に変えるの？」と思うのは大人の都合や大人の思い込みであって、彼らは「今」これがやりたいと思ったのだ、と捉えている。「やりたい」ことが急に変わったり決まらなかったりするのは主体性がないのではなく、むしろ、「やりたい」ことが一つに決められないほどいろいろあったり、次々に生まれてきたりしている主体的な姿である。

　一人ひとりのやりたいことの実現が大切にされるということは、どの子のやりたいことも保障されることである。散歩では、それぞれの行きたいところに行けるようにカレンダーを作り、お泊まり保育では、全員の意見を反映させたホテルごっこを実現させるなど、保育者は一人ひとりの思いを受け止めるとともに、全員の思いが等しく大切にされていることを子どもたちが実感できるようにしている。実際、このクラスの子どもたちは、劇の本番で急に役を変えたＲくんに気づきながらも、誰も咎めず受け入れていたという。

自分のやりたいことが実現されることでの楽しさとともに、友だちのやりたいことが実現されることの心地よさも経験することで、自分だけではなくお互いの思いを受け入れる関係性ができている。

⑶ 「できること」「成功すること」にこだわらない保育

　運動会や劇の発表といった行事では、ともすると子どもたちが「できる」「成功する」姿を披露することが目的化され、行事に向けて一斉訓練的な指導に陥ることがある。披露することだけが目的でないとしても、運動したり人前に出たりすることが苦手な子どもが困難を乗り越え、クラスのみんなが同じようにできるようになること、そして、それによって達成感を得られることが重視されがちである[1]。しかし、こすもす保育園の行事では、子どもたちが遊びを楽しんだり挑戦したりする日常の姿そのものを保護者に披露している。運動会の天狗下駄やリレーも日常的に遊びとして取り組まれてきたことであり、お祝い会の劇発表も決められたセリフを正確に覚えて再現するのではなく、セリフや配役が柔軟な「劇遊び」をそのまま披露している。披露するために「やらせる」行事ではなく、子どもにとって面白いこと、楽しいことを追求し、やりたいことを実現する場として行事が捉えられている。

　特に４歳児の実践では、行事においてみんなが「できる」ことよりも、一人ひとりの思いや願いが大切にされている。天狗下駄の実践では、「ゴールまで行く」というクラスで共通の目標が立てられているが、この目標の下では、途中で落ちてもいいし、天狗下駄の乗り方も自由に選べる。みんなが同じように「できる」ことにはこだわらない、活動の多様性が認められている。また、運動会本番で「できる」「失敗しない」ためにどうするかではなく、「できない」「失敗した」時どうするか、どうしたいかを考えさせている点も注目すべき点である。「できる」ことにこだわるのではなく、「できない」こともある、その時にどうすればいいか考えればいいというものの見方に出会わせている。こうした「できる」ことからの解放が、子どもたちの安心感と「これをやってみたい」という次への意欲につながっているのではないだろうか。

⑷　多様性の尊重と子どもどうしの認めあい・学びあい

　この実践では４歳児の時期には、自分（たち）のやりたいことを、自分（た

ち）で決めて、その場その場で楽しむことを大事にして、実現するようにしてきた。ホテルごっこやももたろうごっこなど、クラスで共通のテーマでの活動に取り組んでいる中でも、個々の楽しみ方は違っている。しかし、自分さえ楽しければよいということではなく、相談・話し合いを通して、お互いのやりたいことや好きなことを知っていて、「Dちゃんが行きたいって行っていた公園なのに、お休みで行けなくてかわいそう」というように、友だちの思いを推測し共感している。自分の"やりたい"思いを受けとめてもらえた体験があるからこそ、友だちの気持ちに思いを馳せることができるといえる。また、周りと自分との違いが気になり、周りから注目されることにより敏感になり、「やりたいけど、できなかったらどうしよう」と揺れ動く4歳児であるからこそ、多様なやり方や多様なアイデアを子どもたちと話し合い、友だちのアイデアに刺激されて自分のやり方を考え、それを共有することで安心して楽しむことができている。

　体育的課題など、子どもが少し難しいことにも取り組んでみようと思えるためには、教材の魅力とともに、集団の支えあいが不可欠である。4歳児クラスでの実践では、三本歯や二本歯の下駄に乗っていたKくんが、一本歯の天狗下駄に挑戦するようになったときに、一緒に乗ろうとやってきた仲良しの友だちが楽しそうに乗る姿を見て、どうしていっぱい歩けるのか聞いてみたそうである。それまでは、保育者が個別に指導しようとしても友だちに励まされても、できない自分を受け入れられないのか、「なんにもいわないで！」と言っていたKくんだが、自分からNくんに聞いてみた。するとNくんは「Kくんの転び方、見せてあげる」と言ってKくんの天狗下駄に乗る姿を何回か見せてくれた。それはわざと天狗下駄の紐を手から離して転ぶ真似で、それを見てNくんもKOくんもKくんも笑っていた。Kくんは「手がゆるくなっていた」と自分で気づいて、そのあとぎゅっと紐を引っ張って、一本歯の天狗下駄に乗ることができた。Nくんは押しつけがましく教えることはしながったが、Kくんのことをよく見ていて、"できるようになってほしい"と思っていたし、Kくんも"あんなふうにのりたい"と感じたのであろう。Nは天狗下駄を「どうしたらできるか」ではなく、できていない子どもの転び方をまねして見せるという、逆の教え方（「どうしてできないか」）をした。しかし、そのことにより、どうすればよいかに自分で気づき、その点を修正してみよ

うとすることにつながっている。子どもならではの教え方であり、このような子どもの発想による援助を引き出し、尊重していくことが大事である。その土台には、多様な下駄のバリエーションや多様な乗り方を認め合っていた関係性がある。

⑸　お互いの気持ち（不安や葛藤）を知り合いながら、自分たちで考える

　4歳児クラスで多様性を認められながらやりたいことを楽しんできた子どもたちが、5歳児になってどのような姿をみせてくれるのか、5歳児クラスの実践報告で、その成長がみてとれる[2]。

　4歳児クラスでは、それぞれの子どもが自分なりの楽しみ方をし、それを受け入れ認め合っていたが、5歳児クラスでは、その関係性を土台としながらチーム・集団で力を合わせてひとつの成果を出すリレーの取り組みを通して、子どもたちの物語が生まれている。ここでも保育者が最初から走る順番や作戦を決めたり無理に話し合わせたりしてしまうのではなく、子どもたちと相談しながら、子どもたちに決めさせている。遊び的な要素を大事にして、子どもたちが相談したいという思いが出てきたときに話し合うことが、遊びの楽しさを持続させることにもなっている。勝って喜んだり負けて悔しい思いをしたりする経験をしながら、転んで動けなくなってしまう子どもを責めたり「最後まであきらめずに走る」という価値を押し付けたりすることなく、そのとき、そのときの子どもの気持ちを聞き、お互いに理解しあえるような話し合いをもっている。保育者は、負け続けているので「チームを変えたい」というようなつぶやきや、子どもたちどうしで掛けている言葉も見過ごさずに、取り上げたり、理由を聞いたりして、子どもたちの気持ちを理解しようとしている。そして、どうやったら勝てるのか、子どもなりに考えたことを大事にして話し合いを進めている。

　4歳児では、友だちとの違いに気づいていくが、5歳児では違いとともにその中にある共通性や目に見えない友だちの内面（不安や葛藤）に気づいて、共感したり支援したりすることができるようになる時期である[3]。しかし、保育者の働きかけなしに自然と肯定的に内面を見ることができるようになるわけではない。この実践にみられるように、保育者の子どもの気持ちに耳を傾ける姿勢が重要である。そして、クラスを2チームに分けての対抗戦にす

ることによって、子どもたちは自分のチームだけではなく、相手のチームやクラス全体に目を向けるようになっている。そのことによって、子どもどうしがお互いの不安や葛藤などを知り合い、相手を思いやったり、相手チームにも勝たせてあげたいと思ったりする気持ちが生じてきていると思われる。

　また、リレーなどの対戦は、勝ってばかりもおもしろくない、接戦になることがおもしろい、という５歳児の競争意識の特徴をうまくつかんでいると思われる。運動会が終わってもしばらくは遊びの中でリレーが繰り返し行われ、３、４歳児も真似してリレーごっこに参加してくるようになったそうである。５歳児であっても、集団で「楽しむこと」が基本として捉えられていることは、忘れてはならない点であろう。このように、やりたいと思った楽しいことをみんなで実現しお互いに認められてきた経験が、子どもたちに自信と自己肯定感を育み、就学への土台を築いていくものと思われる。

註

１）清水（2018）は、運動会で平均台から飛び降りることができなくなった子どもが、会場全体からの応援の声を受けて飛び降り、大人たちが感激した話を紹介している。その際、最終的に飛び降りることができた子どもが「少しもうれしそうな顔をしていなかった」ことから、子どもの思いに寄り添う必要性を指摘している。（清水玲子（2018）「『できる・できない』を超えて―子どもを見るまなざしをきたえる」教育科学研究会編『教育』No.873　26頁参照）

２）こすもす保育園５歳児クラスの日々の活動の決め方・つくり方については、加藤繁美監修・山本理絵編著（2016）『子どもとつくる５歳児保育』（ひとなる書房）の中の「第Ⅱ部　第２章　自分たちの生活を自分たちでつくる」および「第Ⅲ部　第２章　５歳児のまなざしはどう深まり広がるのか」を参照のこと。

３）服部敬子（2009）「第７章　５－６歳児の発達の姿」白石正久・白石恵理子編『教育と保育のための発達診断』全障研出版部　140頁、加藤繁美監修・山本理絵編著『子どもとつくる５歳児保育』23頁参照。

（渡邉　眞依子、山本　理絵）

第2章

大阪府・御幸幼稚園における「かがく遊び」の記録と解説
―― 「思考力の芽生え」をはぐくむ実践 ――

1　御幸幼稚園の実践

⑴　これまでの経緯

　2015年に幼保連携型認定こども園として再スタートした御幸幼稚園では、2013年から「保育環境評価スケール」を導入し、あそび環境の改善にとりくんできた。それまでは、あそびの環境が整っておらず、おもちゃをただ広げてあそんでいる状態で、あそびが発展しないという課題があった。そこで、あそびの環境を見直すことにとりくんだ。その結果、子どもが落ち着いてあそべるようになる中で、子どもたちにあそびに対する意欲、協力や役割分担、個性的工夫が生まれてくるのを実感した。

　2014年からは「かがく遊び」と名づけた探究や発見を大切にしたあそびを導入し、現在も継続的にとりくんでいる。「かがく遊び」は、最初は保育者が誘導的にあそびにとりくめる環境を整えたことで、子どもが家からいろいろなものを持ち込んで試すなどの姿も出てきて、徐々に子どもが自発的にあそびにとりくむ姿が増えていった（図1参照）。

図1

以下は5年間のとりくみの概要である（表1参照）。

表1　御幸幼稚園の5年間

5年間の変化

年	環境	子どもの変化
2013年 （年長）	遊びのコーナーがない 保育環境評価スケールの取り入れ ↓ 遊びを区切ってコーナーづくり ↓ ままごとコーナーを子どもと作る	用意されたものでただ遊んでいる。 好きなことを選んで遊ぶ姿があった。 ↓ 役割分担ができるようになる。
2014年 （年長）	科学あそびを取り入れた保育を行う ↓ 科学あそびの発展に行き詰まる	子どもたちが自発的に遊びを考える。 ↓ 科学あそびをしなくなる。
2015年 （年長）	科学あそびのコーナーづくり	発見を他者に伝えたくなる。 文字や写真で情報共有ができる。
2016年 （年中）	科学あそびを継続して行う ↓ 新・保育環境評価スケールを参考に 試行錯誤・語彙の拡大に繋げる	比較遊び（大きさ・重さ・高さ）を続けて行う ↓ 問題解決力が身につく。
2017年 （年長）	保育者誘導的環境づくり ↓ 子どもの発言からの環境づくり スケールの様々な項目に繋がっていく	図鑑を開いて、次の科学遊びを決める。 自分で必要なものを用意する。

　今回紹介する「水中シャボン玉あそび」はとりくみから5年目の2017年の5歳児（年長児）の実践である。

⑵　実践の概要－水中シャボン玉あそび

1）実践時期

　本実践の以下のとおりである。

　対象クラス：5歳児

　実施期間：2017年6月12日～6月21日

　実施時間：9時～10時（朝の自由時間）

　保育のねらい：試行錯誤を通して問題解決力を育む。

　　　　　　　　発見を他者に伝え、ことばのやりとりを楽しむ。

　　　　　　　　手先を使って、微調整しながら、量のコントロールができるようになる。

2）あそびの経過・展開

＜6月11日：前日＞

　かがくの図鑑を見て「明日はこの実験がしたい」と水中シャボン玉のページを指さして子どもが保育者に伝えた。保育者は明日できるように道具を用意しておくことを約束する。

準備物	・プラスチックカップ

　　　　　　・水

　　　　　　・注射器とストロー（スポイト替わり）

　　　　　　・洗剤

＜6月12日＞

　実験を開始する（水の中でシャボン玉ができたら成功）

子どもの行動：図鑑を見ながら、注射器に洗剤を入れてコップの中の水に落
　　　　　　　としていく。

結果：洗剤を入れるが水中シャボン玉はできなかった。

保育者の関わり：なぜできなかったのか尋ね、原因を考えるよう促す。

子どもの気づき：水に色がついてないからわかりにくいと気づく。
　　　　　　　　　（図鑑の写真は色水で行っている）

保育者の意図：前の反省を生かし、わかりやすくなるように、子どもの気づ
　　　　　　　きを活かして色水を用意し、注射器やストローの操作を行い
　　　　　　　やすくするためにケースに入れる。

環境変化	水を色水に変化・コップをケースに入れる。

＜別の日＞

子どもの行動：洗剤を好きなだけ入れる。

結果：水が泡立つ。

保育者の関わり：「図鑑にはストローですると書いてある」ことを伝える。

子どもの気づき：図鑑に書いてあることに目をむける。

環境の変化　図鑑を傍に置く。

子どもの行動：泡だらけになった理由を調べ、もう一度試してみる。

子どもの気づき：ストローに3㎝位洗剤を入れる

結果：ストローでやるも泡だらけできなくて混ぜてしまう。

結果：また注射器に戻り、泡だらけになる。
　　　色水も混ざり始め、ビールの様にコップから泡が溢れ始め、机はベタ
　　　ベタに

＜一週間がたった子どもの変化＞
実験が上手くいかず、泡立つことが楽しくなっている。
保育者の関わり：翌週に保育者が水中シャボン玉が成功したことを伝え、実
　　　　　　　　際に見せる。
　　　　　　　　洗剤の量に着目するように言葉を掛ける。

子どもの行動：注射器の目盛りに目を向ける。
結果：注射器の操作の力加減が難しく泡立つ。
子どもの気づき：保育者がストローを使っていたことを気づき、子ども同士
　　　　　　　　で伝え合う。
環境の変化　注射器の使用をやめて、ストローのみにする。

子どもの行動：ストローを使って、何回も試す。

結果：一人の子どもが水中シャボン玉づくりに成功した。

保育者の関わり：できた子どもに「どうして上手くいったのか」を尋ねる。

　　　　　　　　洗剤の量はどうかなど具体的に聞き、他の子に伝わるよう

　　　　　　　　に紙に書く。

環境の変化　気づきを紙に書いて張り出し、情報共有をする。

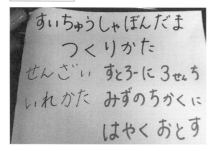 

子どもの行動：友だちの情報を参考に試す。

結果：成功する子が増えた。

3）まとめ

　子どもの「やりたい」気持ちをきっかけに始め、1週間は試行錯誤を繰り返したが、望んだ結果にならず、別のあそびに一度は変わってしまった。保育者が子どもの意欲が高まるようにいっしょにあそび、ことばがけをすることで、子どもの目的の再認識ができ、再び探究が始まった。

　また、できた子どもに「どうして上手くいったのか」を尋ね、他の子に伝わるように紙に書いた。このように保育者が子ども同士の情報共有の場を用意することで、他児の気づきを参考に探究にとりくみ、水中シャボン玉づくりに成功することができた。

⑶　子どもたちの育ちの姿

　今回の保育のねらいは、①試行錯誤を通して問題解決力を育む、②発見を他者に伝え、ことばのやりとりを楽しむ、③手先を使って、微調整しながら、量のコントロールができるようになるであった。図鑑を見ながら、注射器に洗剤を入れてコップの中の水に落としていったが、水中シャボン玉はなかなかできなかった。原因を考えさせたり、水を色水に変えたりしたが、実験が

上手くいかなかった。子どもたちはくりかえし図鑑を見ながら挑戦したがやはりうまくいかず、その途中で、元の目的から外れ、泡立つことが楽しくなっていった。保育者が水中シャボン玉が成功したことを伝えたことをきっかけにして、再度探究が始まり、子ども同士で情報を共有しながら、ついに水中シャボン玉づくりに成功することができた。

　なかなか成功しなかったからこそ、子どもたちはたくさんの試行錯誤をし、図鑑で調べ、保育者や他児のやっていることを見て参考にして探究を進めていった。この過程で子どもたちには思考する機会がたくさん保障された。みんなで難しい課題にとりくみ、操作する力、考える力、伝える力が育ったと考える。

2　実践の解説 ── 探究と発見を大切にして、「思考力の芽生え」へ育てる ──

(1)　幼稚園教育要領改訂における「学びの芽生え」

　2017（平成29）年3月31日に改訂され、2018（平成30）年4月から実施されている幼稚園教育要領における焦点の一つが「学びの芽生え」である。今回の改訂では、就学前の教育と小学校以降の教育との「円滑な接続」を図ることが重視されている。連携や接続はこれまでも重視されてきたが、今回の「円滑な接続」では、小学校以降の「自覚的な学び」の基礎として、「学びの芽生え」が位置づけられ、意図的な教育活動がこれまで以上に強調されるようになっている。

　それに合わせて、どの幼稚園でも、「学びの芽生え」をはぐくむ教育実践へのとりくみが始まっている。今回紹介した御幸幼稚園でも、「学びの芽生え」をはぐくむ教育実践に積極的にとりくんでいる。

(2)　「幼児期の終わりまでに育ってほしい姿」の設定

　これまで幼稚園教育においては、各園（公立幼稚園の場合各自治体）で作成している教育課程の中に、「どのような子どもに育ってほしいか」が教育目標として設定されてきた。今回の改訂で、「幼児期の終わりまでに育ってほしい姿」が設定されたことは、これまでの幼稚園教育にはなかったことである。

　「幼児期の終わりまでに育ってほしい姿」とは、具体的には、「健康な心と体」、「自立心」、「協同性」、「道徳性・規範意識の芽生え」、「社会生活との関わり」、「思考力の芽生え」、「自然との関わり・生命尊重」、「数量や図形、標識や文字などへの関心・感覚」、「言葉による伝え合い」、「豊かな感性と表現」である（文部科学省2017、4‐5頁参照）。そして、「活動全体を通して資質・能力が育まれている幼児の幼稚園修了時の具体的な姿であり、教師が指導を行う際に考慮するもの」と規定されている（文部科学省2017、4頁、11頁参照）。

　これまでにはなかった形で「目標」が示されたが、この目標は、幼稚園だけでなくこども園・保育所と通う教育・保育機関・施設がちがっても、どの子どもにも形成する必要のある能力・資質として共通のものである。

⑶　御幸幼稚園の教育実践の特徴
１）「思考力の芽生え」を育てる

　「幼児期の終わりまでに育ってほしい姿」の中の「思考力の芽生え」は、「身近な事象に積極的に関わる中で、物の性質や仕組みなどを感じ取ったり、気付いたりし、考えたり、予想したり、工夫したりするなど、多様な関わりを楽しむようになる。また、友達の様々な考えに触れる中で、自分と異なる考えがあることに気付き、自ら判断したり、考え直したりするなど、新しい考えを生み出す喜びを味わいながら、自分の考えをよりよいものにするようになる。」（文部科学省2017、5頁）と説明されている。

　「性質や仕組みなどを感じ取ったり、気付いたりし、考えたり、予想したり、工夫したりする」には、まず「知りたい」と思えるような魅力的な対象との出会いが欠かせない。子どもたちの周りには、魅力的な対象がたくさん存在している。おとなが子どもたちの関心のありかを探り、また、対象の魅力を感じとって提供してこそ、それが子どもたちにとっての関心の対象となり、思考力につながる豊かな経験となるのである。

２）子どもを「探究心旺盛な小さな科学者」ととらえる見方

　「思考力の芽生え」を育てる実践を支えているのは、子どもに対する見方である。御幸幼稚園は、今回の幼稚園教育要領の改訂を機に「思考力の芽生え」をはぐくむ実践にとりくみ始めたわけではない。本実践の背景には、5年間の試行錯誤を含むとりくみがある。今回紹介する教育実践は、5年間の

とりくみの積み重ねともいうべき実践である。

　ホームページにも園長のことばとして掲載しているのだが、御幸幼稚園では、子どもたちを「探究心旺盛な小さな科学者」ととらえ、五感を働かせて新しいことに挑戦し、「みーつけた！」と発見を楽しむことができる教育活動を展開している。こうした見方・とらえ方こそ、「思考力の芽生え」を育む素地であると言える。その根底には、子どもの発達に対する信頼と期待がある。それらの見方・とらえ方こそが「あそびは子どもが決める」という徹底した子ども主体の実践を支えているのである。

3）探究を可能にする環境づくりと他者とともにとりくむ活動

　魅力ある対象との出会いを発達につながる経験にするためには、探究する過程が重要である。過程において大切なことの一つめは、子どもの心にめばえた関心を「思考の芽生え」につなぐ環境を準備することである。子ども自身が活動の中で直接対象に働きかけ、何かを感じるきっかけが大切である。そのきっかけこそが子どもの豊かな経験の入り口であり、思考力が育つ土台なのである。

　第二に、他者とともにとりくむことを保障することが不可欠である。おとなは、「自分の力で最後までがんばること」を大切にするが、それは、「自分一人で」「他の人の手助けを借りずに」ではない。だれかがやっているのを見て大切なことに気づいたり、「自分もやってみたい」と思ってとりくむことが子どもにはよくある。それは、他者を通して、対象に対する興味と活動への意欲が生まれたり、気づきが促されたりするからである。だからこそ、豊かな経験には、やり方を見せてくれたり、励ましてくれたり、いっしょにとりくんだり、できたときにいっしょに喜んでくれる他者がいることが不可欠なのである。

4）試行錯誤が許される過程の保障

　御幸幼稚園の教育実践は、幼児期における豊かな学びのあり方を私たちにしてくれている。「豊かな」というとたくさんのことをさせるというイメージがあるかもしれない。しかし、「思考力の芽生え」「豊かな学び」は経験の数によって決まるわけではない。「与えられる」「させられる」活動からは、興味や関心、自ら探究する姿勢は生まれないからである。大切なのは経験の質である。興味と意欲をもって夢中になってとりくみ、そこでいろいろなこ

とを感じ、考えることが思考力のめばえにつながるし、それによって子どもの内面が変わることが幼児期の「豊かな学び」なのである。

　もちろん活動によっては比較的すぐに達成感を得られることもあれば、うまくいかなくて悔しい思いをすることもある。今回の水中シャボン玉もすぐには「成功」しなかった実践である。そのような中でも保育者は、子どもの探究を見守りながら、決して答を与えることはしていない。「最も効率的な方法」が保育者によって与えられるのではなく、試行錯誤が許されたからこそ、子どもたち自身が方法を探し、成功することができたのである。

　今回の実践は、簡単に解決しない、「正解」がすぐに出ないものであったからこそ、子どもたちの豊かな探究心を育んだと言える。つまり、一見すると回り道や時間がかかると思えることの中に、子どもたちが発達する契機が含まれていることを本実践は示しているのである。

5）探究と発見を支える人的環境

　最後に、探究と発見を支える人的環境について述べたい。御幸幼稚園は、人的環境が「思考力の芽生え」を育む重要な要因になっている。子どもが出会った経験やそこで生まれた疑問や関心を「思考力の芽生え」につなぐ環境は、物的環境だけではない。おとなや子ども同士といった人的環境も大きな役割を果たしている。

　人的環境として保育者に求められるは、「答を与える」ことではなく、子どもが気づき、発見することを促すことである。そのためには、「試行錯誤を許容する見守り」が欠かせない。子どもは、自身の関心にそって集中的に行動するので、必ずしも見通しをもった行動やおとなが考えるような「効率的な方法」が行えるわけではない。だから、保育者からすれば、非効率で、まどろっこしいものである。

　しかし、この「非効率さ」「まどろっこしさ」こそ、幼児期の経験として不可欠なものである。一見すると回り道や時間がかかると思えることの中に、子どもたちが発達する契機が含まれている。試行錯誤し、回り道をしている時間の中で子どもは、たくさんのことを感じ、考えている。試行錯誤が許されること、寄り道が許されること、うまくいかなかったら何度でもやり直せることが、「思考の芽生え」を育むことにつながるのである。だからこそ保育者は、時間的、空間的余裕をもって、見守り、子どもの「発見」を大切に

するかかわりが求められるのである。

参考文献

文部科学省「幼稚園教育要領」(2017年3月改訂)

内閣府「幼保連携型認定こども園教育・保育要領」(2017年3月改訂)

厚生労働省「保育所保育指針」(2017年3月改定)

長瀬美子「『幼児期の終わりまでに育ってほしい姿』をどうとらえるか」 大宮勇雄・川田学・近藤幹生・島本一男編『どう変わる？　何が課題？　現場の視点で新要領・指針を考えあう』ひとなる書房、2017年

長瀬美子「就学前教育の課題と改革」西川信廣・山本智也編『現代社会と教育の構造変容』ナカニシヤ出版、2018年

（長瀬　美子）

第3章

子どもたちの関係をつくりかえるために

　学生の頃に「集団づくり」に興味を持ち、教員になってからも、子どもたちがよりよい関係をつくり、集団として発展するにはどうしたらよいのかを意識して、実践してきた。これまで低・中・高学年、特別支援学級を担任してきたなかで、それぞれの発達段階において、子ども個人が抱える事情、子ども同士の関係の複雑さを目の当たりにし、「集団づくり」の難しさを感じてきた。

　いろいろな子どもと出会い関わるなかで、実践に対する考え方が変わってきた。教員になったばかりの頃は、自分の学級と周りの学級を比べ、自分の学級の足りないことばかりが目についていた。休み時間には全員が外に出て元気に学級遊びをしたり、行事のときには一致団結して素晴らしい発表をしたりする学級に憧れた。「自分の学級もどうすればそうなるのか」と、自分の憧れる集団像に子どもたちをなんとか近づけようと焦り、それができない自分は力量が足りないのではないかと、落ち込む日々だった。

　自分の実践に行き詰まりを感じているとき、特別支援学級を担任することになった。この経験が私の実践への考え方に大きな影響を与えた。担任した学級には、知的に遅れがある子や、衝動性が高く友だちを傷つけてしまう子など、様々な特性の子たちがいた。個別に対応することさえ難しい子たちが、同じ学級で一緒に活動することはさらに難しく、子ども同士のトラブルは日常茶飯事だった。様々な特性の子たちが、同じ学級で活動していくにはどうすればよいか悩みながら実践していくうちに、そういう子が無理に集団に合わせるのではなく、どんな子でも安心して「いる」ことができる学級にしていきたいと考えるようになった。

　特別支援学級の担任を経て、現在は再び通常学級の担任をしている。勤務校は、全ての学年が単学級で、学級の人数も20人前後という規模がとても小さい学校である。1年生から6年生まで互いに顔と名前がわかり、異学年の

交流も盛んに行われている。一方で、卒業まで学級編成が変わらないため、人間関係が固定化してしまうといった課題がある。子どもたちの人間関係を発展させ、どんな子でも安心して「いる」ことができる学級にしていくために集団づくりに取り組んでいる。今でもうまくいかないことはあるが、それを受け入れ、「もっと子どもと悩みを共有し、一緒に考えていこう」と思い、実践している。

1　子どもと個別につながるために

　3年生を担任したとき、学級のなかで特に気になったのがリュウだった。リュウは2年生の途中に転入してきた。前担任からは、「学習面に大幅な遅れがあり、授業についていくことができていない」「周りの子とよくトラブルを起こし、その状況をうまく説明することができない」ということを引き継いでいた。授業中は、学習面の遅れもあり、一つひとつの行動が周りの子のペースについていけない。注意が逸れ、指示が通らなかったり、間違った行動をしたりしてしまうことが目立った。彼のそのような行動に対して、周りの子どもはあきれた様子で見ている。休み時間は、他の子どもたちの輪の中へ入っていくことができず、他の子どもも声をかけて誘うこともしない。ひとりで教室や校内をうろうろしていて、まるで自分が落ち着ける場所を探しているようだった。

　他の子たちは1年生から同じ学級で過ごし、日々の学習や行事を通して関係をつくってきた。トラブルが起こっても、それを乗り越えてきた経験もある。しかし、リュウには他の子たちが1年生からつくりあげてきたものがない。リュウはただ教室にいるだけで、そこを安心して「いる」ことができる場所としては認めていないように思えた。そして、すでにできあがってしまった関係のなかにいる子たちは、「自分たちのペースについてこられない」「すぐにトラブルを起こす」というリュウの存在を、異質な者として捉え、受け入れようとはしていなかった。リュウが学級を安心して「いる」ことができる場所として受け入れるためにも、他の子たちがリュウを学級の一員として認めるためにも、子どもたちの関係性を発展させていきたかった。

　4月は始業式・入学式に始まり、学校全体がさまざまな行事の準備・実施

に追われる。学級のなかでも、給食の配膳方法の確認や掃除の分担決め、学習のルールづくりなど、生活していく上で最低限のことを決めるだけでも、やらなければならないことが山積みである。そのようななか、個々の子どもとの関係をつくりながら、子ども同士の人間関係を把握し、指導の見通しを持つ必要がある。年度当初に学級がうまくまわらなければ、子どもたちは「去年はうまくいっていたのに……」「去年の先生のほうがよかった……」と平気で言ってくる。しかし逆に、この時期に教師主導で学級のことを決めてうまくまわったところで、学級が自分たちのものであるという意識が育たない。4月はやることは多いが焦りすぎず、とにかく個々の子どもと話をしたり、遊んだりすることを通して子どもに自分を受け入れてもらうことを第一に考えた。

　特にリュウは休み時間も一人でいることが多かったので、こまめに話しかけるようにした。学級の男子の多くは、休み時間になると外でサッカーをして遊んでいるので、リュウを誘って一緒に行こうと思ったが、「おれはやらない。教室にいたほうがいい。」と、なかなかみんなの輪の中には入ろうとはしなかった。これまでの経験から、他の子と活動してもトラブルが多くなってしまうと思い、みんなと一緒に遊ぶことを避けているようだった。私が話しかけても距離をとったり、その場を離れようとしたりすることが多く、なかなかじっくり話をすることができなかった。あまりしつこくはせず、登校したときや休み時間など、一言でも話しかけることを心がけた。

　休み時間にリュウが、教室で過ごす様子を見ていると、特に何をするわけでもなく教室や廊下をうろうろしながら、こちらをちらちらと見ていた。それに気づいた私が、リュウをじっと見ていると目が合い、廊下に出て行ってしまった。しかし、しばらくすると教室をのぞき込んで、壁に隠れるように私の方を見ていた。私がすぐにリュウの方に目をやると、「バレた」という顔をして、また廊下に出て行ってしまった。逆に今度は私が隠れてみたり、廊下に出て行ったリュウを追いかけてみたりするなど、リュウが休み時間に教室にいるときは、このようなやりとりをすることが増えてきた。リュウは私とのやりとりを面白がっているようだった。私とのやりとりのなかでは、トラブルになることもないので、リュウは私のことを「自分から働きかけても大丈夫な存在」として認め始めたように感じた。

　このようなリュウと私のやりとりをみていた他の子が、面白がって加わってくることもあった。私が追いかけて行くと、他の子と一緒に笑いながら逃げていくリュウの姿を見ていると、日常の何気ないやりとりから少しずつ友だちとの関わりが広がっていくのを感じた。しかし、学習となると内容を理解するのも難しく、周りの子と関わることはできない。学級にはリュウ以外にもそのような子がいた。なんとか学習でも子どもたちが関わり合えないかと考えた。

2　子どもと子どもがつながるために

(1)　全員発言運動

①　「全員で授業をつくる」ことを目指して

　他の子の発言を聴き学習内容について考えるよりも、教師から個別に指導される方が重要な時間となってしまっている子が、リュウを含め学級にはいた。他方、発言する子にとっても、その発言は、教師や発言を聴いて理解できる子に向けてのものになっていた。リュウたちは、その場にはいるけど、授業に参加することができていない。少しでもリュウたちが他の子と授業中に関われるようにしたかった。

　そこで、まずは全ての子が「授業に参加する」という意識を持てるように、全員発言運動に取り組もうと考えた。学習内容を理解できる子が、自分の考えを発言できることは大切である。しかし、それだけでなく、できない子がどこでつまずいているのかをみんなで共有することも大切である。運動を始めるにあたって、子どもたちには、学習内容を理解できる子もできない子も、自分の考えていることや思っていることを出し合い、わからないことがあればみんなで考えて解決していくような「全員で授業をつくる」ことを目指していきたいことを伝えた。

　方法は、黒板の左端に子どもの名前が書いてあるマグネットを貼っておき、発言すると黒板の上端の方にマグネットを移動させていく。一日のなかで全員が発言することができたら、小黒板に花丸と日付を記録していく。とにかく何でもいいから発言すればマグネットを動かすことができるようにし、授業中の「わかりません」「もう少し待ってください」といったことも発言と

して認めることを学級で確認した。また、授業中に限らず、朝の会や帰りの会など授業以外にも発言できる場を意図的に設けるようにした。まずは発言することのハードルを下げ、「一日一発言」を合い言葉に、全員が発言できるようにすることを目指した。ゆくゆくは、発言を譲ったり、発言を通して「できる子」と「できない子」が関わったりできるようにしたいと考え、実践した。

②　運動の変遷

　運動の初期は、よく発言する子がさらに積極的に発言をするようになった。「おれは、もう3回も発言した」など、たくさん発言することを意識している子もいた。なかなか自分から発言できていなかった子も、朝の会で1日の予定を質問したり、帰りの会で友だちのいいところ（「今日のキラリ」）を発表したりするなど、発言をする姿が見られるようになってきた。発言することに対して「正しいことを言わなければいけない」「間違えるくらいなら黙っていたほうがいい」と考える子にとっては、学習以外にも発言する場があることで、全員発言運動に取り組みやすかったようだった。また、少しずつではあるが、国語の教科書を音読したり、算数の計算問題の答えを言ったりと、学習面でも自分から発言するようになった子もいた。

　運動が定着してくると、子ども同士でなかなか発言しない子に目が向くようになってきた。例えば、理科の学習でのことである。班ごとに実験を行い、授業の最後に各班でどのような実験結果になったのかを発表するようにした。このとき、発表の仕方は班にまかせた。すると、子どもたちは黒板に貼ってあるマグネットを見ながら、「誰が発表する？」「○○はまだ一発言してないから、発表しなよ」など、班のなかで全員が発言することを意識して、発表者を決める姿が見られた。1人で発表することが不安な子には、同じ班の子が一緒に前に出てきて、複数で発表する班もあった。この「班での学習→班指名→発表」の流れによって、自分から発言できる子も、「これはまだ発言していない子へ譲ろう」と周りに目が向くようになってきた。さらに、班のめあてに全員発言を設定して取り組む班も出てきて、子ども同士の関わり合いが生まれてきた。

　班での学習は、発言「できる子」が「できない子」へ目を向けるだけでなく、学習内容が「わかる子」が「わからない子」に気づくきっかけにもなっ

た。例えば、算数の学習で、自力解決の後に班で解き方を確認し合う時間を設けると、「わかる子」が「わからない子」のノートを見て、「全然終わってないじゃん！」と「わからない子」の実態に気づく。私も机間指導をしながら、「○○さんはわかったの？ちょっと説明してみて」と班での学習のなかに入ると、「わかる子」が説明し始める。ここでは、「わかる子」の発言は、同じ班の「わからない子」へも向けられていた。班の人数は３～４人なので、話をするなかで、「ここがよくわからないんだけど……」「ここはね……」というように自然と「わかる子」と「わからない子」が関わる場面が見られるようになった。リュウも、同じ班の子から、「今はここのページだよ」「黒板のここは書いたの？」など、声をかけてもらうことが増え、学習のなかで他の子と関わることができるようになってきた。子どもたちは班のなかで教えることを「教え合い」と言って、「一日一発言」と並んで、学級のキーワードとなっていった。

　班の編成替えを経ても、「教え合い」や「一日一発言」が子どもたちのなかで意識され続けていた。学級の人数が少なく、お互いをよく知る関係だからこそ、誰と同じ班でも自然に取り組むことができたと考えられる。そして、班のなかだけに留まらず、学級全体の場においても発言を譲ったり、まだ発言していない子に発言を促したりする場面も見られるようになってきた。発言を譲ることにより、「あの子は何を言うんだろう」と発言内容を意識して聴くことにもつながった。

⑵　班づくりの変遷
①　班づくりの見通し

　学級では、班づくりを通して子どもの人間関係を発展させていきたいと考えた。班は「給食を一緒に食べる」「同じ清掃場所を担当する」というように生活のなかでつくるものもあれば、授業中に話し合いや作業を一緒に行うときにつくるものもある。子どもたちはこれまでにも、少人数で活動する必要があるときに機械的に班をつくったことはあったが、日常的な班で学習をしたり、活動をしたりした経験は少ないようだった。日常的に学習や活動で班をつくることによって、子ども同士の関わり合いをつくっていきたかった。また、班は学習の場面、生活の場面とそれぞれ別の班をつくるのではな

く、同じ班で活動していくことにした。授業に参加できていない子も、生活場面で班の子と関わることができれば、その関係が授業でもつくられていくのではないかと考えたからである。自分の班という意識を子どもたちに持たせるためにも、所属する班は一つにすることにした。

　班を編成するにあたっては、最終的には子どもたちが話し合いを通して決めることができるようにしていきたかった。そこで、大まかな見通しとして、次のように考えていた。

（ⅰ）担任が編成を決める

（ⅱ）担任と班長が話し合って決める

（ⅲ）学級全体の話し合いで決める

　前年度までは（ⅰ）の方法で決めていたとのことだったので、（ⅱ）や（ⅲ）へとどのように発展させていけばよいのか、細かなところまでは考えられてはいなかった。しかし、子どもが他の子に目を向け、学級の課題を自分のこととして捉えることができる場にしていきたかった。

②　初めての班

　班を導入するにあたっては、学習や生活をよりよくしていくために、班をつくって学習していきたいという私の思いを子どもたちに伝えた。そして、「困っている人がいたら、声をかけていく」「わからないことがあったら、同じ班の人にきいてみる」といった班内で行ってほしいことを話した。班のなかで解決できないことがあるときは、私も一緒に考えるようにすることも伝えて、私が考えた編成を提案した。初めての班は、特に気になるリュウを担任の目がよく行き届く場所にし、あとは人数と男女比を考慮しただけの編成にした。担任が決めた編成を学級全体に提案し、了承をもらうことによって、最終的には「みんなで決める」ことを意識づけたいと考えた。初めての班が決まると、「班長はどうしますか？」という声があがった。

　　　私「去年は班長がいたの？」

　　　子「はい。副班長もいました。」

　　　私「班長や副班長って何するの？」

　　　子「班長はみんなをまとめて、副班長は班長がいないときにみんなをまとめる。」

　私「そうだったんだね。特に班長を決めようとは思ってなかったけど、
　　　やっぱり必要だなと思ったら、みんなで確認して決めようか。」

「去年はこうだったから……」ということでも、一歩引いて様子を見て、子
どもが本当に必要だと思ったら導入する。自分たちで班や学級のことを考え
てほしいと思い班づくりをスタートさせた。
　③　ふり返り→班編成
　班の編成替えは概ね月に１回、月末の学活の時間を使って行った。このと
きに今月の学級の様子をふり返った上で、次の班はどうするかを話し合っ
た。はじめの頃によく出たふり返りは、「ケンカをしてしまう」「注意すると
騒がしくなってしまう」といったものだった。

　私「ケンカが減って、騒がしくなくなるにはどうすればいい？」
　子「注意するときの言い方がきついからケンカになる。」
　子「遠くの人にも注意するから、声が大きくなる。」
　子「もっと優しい言い方にしたほうがいい。」
　私「じゃあ、来月はケンカにならないような言い方をすることがめあて
　　　だね。どういう班にしたらいいかな。」
　子「班のなかで声をかけ合えば、大きな声にならない。」
　子「やっぱり班長がいたほうがいい。班長が班の人に優しく言えばいい
　　　と思う。」

このように、学級のめあてや、班編成の方法を子どもたちと話し合いながら
決めていった。班が決まると、各班に画用紙を１枚渡して、班カードを作る
ようにした。カードにはメンバー、めあてと取り組みを書くようにした。子
どもたちは班のキャッチコピーを考えたり、カードの空いているところに絵
を描いたりしながら、カード作りを楽しんでいた。めあてを決めたり、一緒
に作業したりして、自分の班という意識を持たせたかった。
　④　班長との班編成
　（ｉ）の方法でも、私が考える班長候補がそれぞれの班にひとりは入るよ
うに編成を考えた。しかし、４月、５月と班編成を行ったが、班のなかで子

ども同士の関わり合いが深まっているように感じられなかった。そこで思い切って、（ⅱ）の方法で編成をしてみようと考えた。

　班長については、「班のなかで、学習で困っている人がいたら助けられる人」を学級全体の話し合いで選んだ。その後、選ばれた班長と私で班編成を決めた。リュウを含め、学級の気になる子をどの班長の班にするかを中心に、話し合いを進めていった。班長たちは積極的に考えを出し合い、班編成を考えていた。

> 「Ａ男は、私が注意するとすぐに言い返してくるから、別の人がいいと思う。」
> 「だったら、私のところでいいよ。保育所からずっと一緒だから慣れてるし。」
> 「リュウはＢ男のところがいいんじゃない？」
> 「うーん、よく言い合いになっちゃうからな……」
> 「たしかにそうかもね。じゃあＣ男のところは？」
> 「大丈夫かな……心配だけど、やってみる。」

私が想像していた以上に、班長たちは他の子どもに目を向け、話し合いをすることができていた。そして、何よりも他の子が、リュウのことを考えて、意見を出し合っていることが嬉しかった。この話し合いで決まった班を班長とともに学級全体へ提案し、承認された。

⑤　班編成を自分たちの手で

　班長との話し合いで決めた班では、班長が中心となって班での活動を進めようとする姿が見られた。次の班編成も同じ方法で行おうと考えていたが、班長以外の子たちから、「勝手に自分の班を決められたくない」という声があがった。自分たちの知らないところでどんな話がされているのかわからないのが嫌だということだった。

　編成替えのときに、次の班をどのように決めたらよいか意見を聞いていくと、班を勝手に決められたくないと言ってきた子を中心に、「くじ引き」の案が出された。他の子にとっても、誰と同じ班になるかわからないというドキドキ感が楽しいようで、賛成する子が多数だった。このまま子どもたちの

意見を全面的に受け入れると、班活動の質に差が出てしまう怖れがあった。しかし、「自分たちはこうしたい」という考えを子どもたちから伝えられたことは大切にしたいとも思い、「視力を考慮すること」「男女の比率が偏らないようにすること」を私から提案し、くじ引きでの編成替えをすることにした。

　このくじ引きでの編成替えは、年度の後半まで続いた。しかし、毎回単なるくじ引きになることはなく、「先に班長を決めてからくじ引きしたほうがいい」「おしゃべりしてしまう子同士は離れるようにくじ引きの仕方を変えたらどうか」など、子どもたち自身で、条件を付けて行っていった。全て子どもたちの話し合いだけで進んでいったわけではなく、私が意見をまとめたり、いくつかの案を提案したりすることもあったが、子どもたちの間で「学習や生活をよりよくしていこう」という意識が育っていったように感じられた。もちろん、全ての編成替えがうまくいったわけではない。正直、「この班は厳しいな…」と思うこともあったが、編成替えでのふり返りを通して、子どもたちとともに学級の課題について考えるようにした。

⑶　教科外活動への広がり ── 係活動での関係つくり ──

　学級の係を決めるにあたっては、子どもの「やってみよう」という気持ちを大切にしたいと考えた。そこで、係は「自分がやりたいと思う係をつくることができる」「人数の制限はしない」ということを確認して、決めることにした。

　まずは、２年生のときにあった係を挙げていき、その他にどんな係があるといいか話し合いをした。その結果、２年生のときにはなかった新しい係として、「お楽しみ係」と「あしあと係」が誕生した。「お楽しみ係」は、休み時間にみんなで遊ぶ遊びを企画するなど、学級が楽しくなる活動を行う係である。「あしあと係」は、学級で取り組んだ活動や行事について、みんなからの感想を画用紙にまとめて掲示する係である。

　あしあと係にはリュウの他に２人が希望し、３人で活動がスタートした。リュウは、ひらがなを書くのがやっとという実態なので、他の２人はリュウに対して、「本当に仕事できるの？」と疑うような言葉をかけていた。リュウは「大丈夫、大丈夫！」とその場をやり過ごしていた。リュウとしては、「新

しくできた係の仕事ならできる」と思ったのかもしれない。しかし、彼に向けられた友だちの目は厳しいものだった。たしかに、ひらがなを書くことで精一杯のリュウには、画用紙に書く仕事は難しい。そこで、あしあと係の3人を集め、「リュウには2人が書いた画用紙を掲示していく仕事を任せたらどうか」と提案してみた。3人はこの提案を了承し、「これならリュウもできるね」と言っていた。

　係の仕事が始まると、画用紙に書く2人と、それを掲示するリュウという役割分担がうまく定着した。2人が書き終わると、「リュウ、仕事だよ！」と声をかけ、リュウも「はいよ！」と返事をして画鋲を取りに行き、掲示する。3人がそれぞれの役割を果たすことで、一つの仕事が終わるというサイクルができあがった。リュウの「貼るのはおれの仕事だから」と言いながら、画鋲の準備をする姿から、自分の仕事を持てたことに対する嬉しさが感じられた。

3　子どもたちの関係性の変化

　この1年間の実践で、子どもたちの関係は少しずつ変わっていった。「できる子」「わかる子」を中心に進んでいっていた学習は、「できる子」「わかる子」が「できない子」「わからない子」に目を向け、できないこと、わからないことを放っておかないようになった。

　特にリュウと他の子たちとの関係は、1年間で大きく変わった。4月当初、リュウは他の子たちにとって「わたしたちとは違う」異質な者だった。しかし、学習や様々な活動を通して、他の子たちは「リュウはこういうことで困っている」「こういうと伝わる」ことを経験し、リュウのことを知っていった。他の子がはたらきかけて、リュウが応える。リュウがはたらきかけて、他の子が応える。こういった場面が学習や活動のなかで増えてきたことで、他の子のリュウに対する見方が変わり、新しい関係がつくられた。

　ある日の帰りの会で、リュウが「今日は1時間目から6時間目まで、同じ班の○○くんと□□さんが、わからないことを教えてくれてうれしかったです」と今日のキラリを発表したとき、リュウにとって学級が安心して「いる」ことのできる場所になったと感じた。それを「何言ってるんだよ〜」と笑い

ながら聞いている他の子たちは、もうリュウのことを異質な者ではなく、学
級の一員として認めていた。

　現在はリュウの担任ではなくなったが、廊下で会うとリュウの方から「あ、
よっしー先生！」と声をかけてきたり、私の方から「さぁ、行くよ！」と私
の教室に連れて行こうとしたりと、ちょっとしたやりとりをする関係は続い
ている。

　1年間をふり返ってみると、子どもたちの関係がよい方向に変わっていっ
た面もあれば、「わかる子」と「わからない子」の「教える―教えられる」
という関係をより強化してしまったようにも思える。「教える―教えられる」
という関係が乗り越えられる場面を、授業のなかでつくり出していくことが、
今後の課題である。これからも、自分の実践をふり返っていくことで、より
よい実践ができるように学び続けていきたい。

（吉田　聖史）

4　居場所づくりに向けた「正しさ」の捉え直し

　吉田先生は、集団づくりの目標として、どんな子でも安心して「いる」こ
とができる学級を挙げている。すなわち、学級を「居場所」へとするものと
して、この一年間の実践報告は描かれている。本実践が行われた一年間、継
続的に学級および授業を参観できた筆者としても、吉田学級が様々な子ども
たちの居場所へとなっていく過程を垣間見ることができた。

　なかでも、前節までの報告でも焦点の当てられていたリュウの変貌は明確
であった。学年当初は、国語の授業のなかで一文ずつ順番に教科書を読んで
いくのにもついていけなかった彼は、読む順番が来たら教師に読む箇所を指
さしてもらわねばならない状況であった。彼は、そろそろ自分の番だと思う
ことも、隣の子に尋ねることもない、典型的な"お客さん"と呼ばれる子ど
ものように見えた。だが、年度が進むにつれ授業への参加が見受けられるよ
うになった。ある算数の時間では、$\frac{2}{5}+\frac{1}{5}$の答えをめぐって、$\frac{3}{5}$と$\frac{3}{10}$という
二つの意見が出た際、$\frac{3}{10}$だという自らの立場を挙手にて表明し、同じ意見を

持っている子が授業のなかでその理由を述べたときには、「当たり！」とその子に対し拍手とともに評価を与える様子を見せた。学級が、彼にとってまさに、自らの意見を安心して表明できる居場所へとなっていったと言えよう。「居場所」としての集団をつくる視点として、深澤広明は「まなざし」と「指さし」を挙げた[1]。以下、この二つの視点から吉田実践を読み解いてみたい。

　休み時間に教師と目を合わせる経験に始まり、全員発言運動や班編成のなかで他の子どもから目を向けられる経験を経て、係活動で自らの役割を持つ経験へと至る一年間は、リュウにとって「まなざしの範囲」を拡大させるものであったに違いない。換言すると、「教師が子どもにかける『まなざし』」が「子どもと子どもの間に交わされる『まなざし』へと転化」[2]した過程とみることができる。

　もう一つの視点である「指さし」については、リュウの存在が「『異なる意見』を提起」[3]する「指さし」の契機として捉えられるのではないか。

　初めての班をつくった際、班長を置くかという子どもからの問いかけに対し、吉田先生は一旦保留している。班長を含めた班づくりの大まかな見通しを持っていたにも関わらず、である。この決定の背景にあるのがリュウなどの子どもの存在であろう。「みんなをまとめる」という子どもたちが持っていた班長像のまま、班長を導入しても、まとめられないことは、想像に難くないからである。報告にあるように、子どもと話し合うなかで、「学習で困っている人がいたら助けられる人」という新たな班長像を確認したうえで班長を設定している。

　　　Ａ＝Ａの正答主義にとらわれている子どもたちに、ＢやＣで「ありうる」
　　　ことの可能性を考えさせ、Ａ＝Ａであることの必然性を実感をもって学
　　　びとらせるのである。そのために教師は、いわば他者性として集団のな
　　　かで「可能的世界」を「指さし」ていくのである。[4]

正答主義、すなわちＡ＝Ａという正答に達しさえすれば良いという態度は、なぜＡなのかという思考なしにＡ＝Ａなのだと判断しているという意味で、浅い理解にとどまる。そしてより深い理解は、なぜＢやＣではないのか、と

いう指さしによって喚起される。

　「班長は置かねばならない」、「昨年度もいたのだから置くものだ」という浅い理解に対し、「置かなくてもいい」という可能的世界を指さし、その世界を通過することでしか到達することの不可能な「置いた方がいい」という班長という存在の必然性が得られたのである。

　正答主義ならびに浅い理解がBやCのことを考慮していないがゆえに、それらは正答でないものは受け容れない、無寛容な異質排除に直結している。対して、本報告は「正しさ」をゆさぶり、一旦、もう一つの世界へと指さすことによって、異質共存できる居場所をつくろうとした実践になっていると言うことができる。

註

1）深沢広明「一人ひとりに「居場所」を実感させる「まなざし」と「指さし」を」『現代教育科学』1992年10月号、明治図書、25-26頁参照。
2）上野ひろ美「教室を「まなざしの範囲」にする」吉本均編著『「まなざし」で身に語りかける』明治図書、1989年、41頁。
3）深沢、前掲論文、27頁。
4）同上。

（髙木　啓）

第4章

「かかわり」ながら、全員で学びを楽しむ学級づくり

1 よさを発見し、未来へつなぐ

　落ち着いた3年生に見えた。始業式を終え、教室での学級開き。黒板に書いたメッセージをもとに、1年間を通して育てたい姿を目の前の子供の姿から具体的に評価すると意欲を見せてきた。その後の、教科書配布、大掃除と、順調に滑り出したように見えた。

　この学級の新学期の集中は、そこまでだった。続く時間で、一人3文自己紹介を始めると、途端に私語が始まった。もちろん、きちんと聞こうとしている子もいる。だが、注意する声はなく、ざわざわとした雰囲気のままに1日めが終わってしまった。

　翌日からも、気になる行動が続いた。朝の会で子供たちの気持ちを解放するために、じゃんけん列車を取り入れたが、じゃんけんに負けるたびに、教室の隅で動かなくなる子がいた。友達とのもめ事を注意されるたびに、教室を飛び出す子、叱られるとわかっていることを集団でする子と様々だった。授業も、もちろん、途中で崩す言葉が出てきた。

　5年生の教室のことだ。学級開きでは、3年生の教室と同様、1年間を通して育てたい姿を目の前の子供の姿から具体的に評価した。自分で考えて動く子、または動こうとしている子を発見し、「～さんは、～しようとしているね。自分で考えた証拠だね。」と行動に値打ち付けをした。同様に、周囲にかかわろうとしている子、友達と協働して動いている子にも、「友達を大事にしているね。」など評価し続けた。気になる子が数名いたが、今、意識していない自分たちのよさを次々に評価されることで意欲を見せた。始業式後の作文には、「どんな1年になるかとてもわくわくした。伸びる1年にし

たい。」と、記述する子が多く見られた。

　スタートの差は、集団として動き出すまでの数ヶ月の差になったが、１年後につながる姿を評価し続けたことで、どちらも、全員で考えることを楽しむ学級になっていった。大事にしたのは、生活、学習に様々な「かかわり」をつくること、そして、その中で、自分や友達のよさに気付かせると共に、自分の成長、学級の成長を感じ続けさせることだった。

２　生活の中で育てる「かかわり」

⑴　認められ、受け入れられる「かかわり」づくり

　「全員で」を目指すときに、まず、一人一人が認められる学級をつくりたいと思う。そのために、よさや苦手なことは一人一人違うことを全員が共通認識としてもてるようにした。「何かがとても得意な人が、自分にとって簡単なことを褒められても嬉しいとは感じないでしょう？でも、苦手な人、できない人が少しでもできたら嬉しいと思うよね。それは、勉強でも、運動でも、我慢でも、優しさでも、いろいろなところで言える。だから、一人一人認められるところは違って当たり前だよね。」と説明し、それぞれの小さな伸びを評価していった。同時に、子供たち同士が相互によさを認める場もつくった。帰りの会での「今日のよかった人」「班の○○さんのよかったこと」「ありがとう作文」[1]「○○さんの日」「班日記」などである。「ありがとう作文」とは、２週間に１回60字の紙に今自分が言いたい「ありがとう」を書く。「○○さんの日」は、学年後半に１回、全員で一人によさの手紙を書き、冊子にして渡す。４月には、自分のよさも周囲のよさも気付いていない子が多かったが、学級全体で、「○○だったら、○○さん」「○○さんは、○○をがんばってる」と、それぞれのよさを認められるようになった。

⑵　友達の困ったによりそう

　低学年の時から、周囲とトラブルが多い子がいた。ささいなきっかけから友達に手を出したり、昼休み一人でボールを持って行ってしまい他の子が遊べなくなったりなど、自分の思いで動き、なかなか周囲から理解されないと

ころがあった。あるトラブルがあった時、「Aさんは、どんな気持ちだった
んだろう。」と聞いてみた。今まで、行為ばかりを非難していた子供達の中
から、「Aさんは、本当は〜したかったんだけど、みんながせんで（しないで）
と強く言ったからいらいらしたんだと思う。」という声が出た。日頃、授業
の中でも生活の中でも「何が言いたいんだろう。」「どんな気持ちだろう。」
と友達の考えや思いを理解するようにしてきたからだと思う。本人に聞いて
みると、すべてではないが、自分の思いが伝わらないことがトラブルの原因
になることが多かった。それ以来、同じような行動があると、「何か、困った？」
「何したい？」などの声かけが子供から出たり、「多分あれが嫌だったと思う。」
と周囲の子が気持ちを伝えに来たりするようになった。また、Aさん自身も
困った自分の気持ちを言葉で表し、自分で解決できることが増えた。少しず
つルールを守ることができるようになり、昼休みに友達と遊ぶことも増え、
周囲から「Aさんと遊んで、楽しかった。」という声もよく聞かれるようになっ
た。長縄大会の練習では、逆に、一人だけ跳べずに困っていた友達を、友達
数人と何度もアドバイスをし、大会当日跳べたことを喜ぶ姿も見られた。ト
ラブルがすぐになくなるわけではなく、何度も繰り返したり、時には、感情
的にぶつかったりすることもあったが、一方的な見方は減った。

⑶　自分たちで伸びる学級に

　子供たちの意見を聞き全員遊びをした。全員遊びの不満やトラブルは、「自
分たちの学級は自分たちでつくる」と考えるチャンスになる。それぞれの意
見を出し合い、遊びの決め方やルールを考え、楽しくなることを実感した子
供たちは、他のところにも目を向け始めた。「先生。」と言いに来る子に、「先
生に言っても変わらんよ。みんなに言ってみたら。」と、何か言いたいこと
がある場合、朝や帰りの会、給食後などに、本人や気付いた子に「〜につい
てどう思いますか。」と問わせた。学級全体で考えを出し合い、解決法を考え、
少しずつ自分たちで学級のルールを作っていった。同時に、話し合って決まっ
たことは守る。そのために、それまでに自分の考えをきちんと伝えなければ
ならないことも確認した。学級会で自分たちで決めたことはもちろん、約束
は守ろうと声を掛け合うようになった。次第に、「〜についてどう思います
か。」は、トラブルだけでなく、運動会での作戦、お楽しみ会の係分担、総

合的な学習での取組など、学級のための話し合いにもなっていった。

　学級を伸ばそうとする意識が高まってくると、駄目な行動に対して強く批判ができるようになった。年度当初は、友達のつらさに無関心な子が多かったが、ある時、一人の子に対する数人の言動に、学級全員から批判があがった。よさを認めることも大事だが、要求することも大事だと「かかわり」を通してわかってきたからだと思う。また、日頃から「叱るのは、期待している証拠。」「自分に勝つのが一番難しい。注意を素直に受け入れられるのは、とても難しいことができていること。」と伝え、自分を見つめ直す態度を評価してきたが、批判された方もそれを受け止め、変わろうとする姿が見られた。

　行事や総合的な学習など長期間取り組むときは、どんな力をつけたいのかを考えさせて臨んだ。活動の前にゴールの姿を決め、それに併せて、ゴールに至るまでの具体的な計画を立てさせた。活動そのものは、すべて自分たちの手で行うことを目標にし、事後は、自己評価をさせ、自分や学級にどんな力がついたか、伸びを実感できるようにした。これらの繰り返しの中で、少しずつ自分たちでできたことの達成感を感じるようになってきた。また、生活でも学習でも、先を見て、自分たちで考えて動く姿が見られるようになった。

3　授業を通して育てる「かかわり」

⑴　「話す・聞く・」学習規律づくり

　まずは、全員発言を目指した。どの子も発言できるような問いをしたり、班で理解を確かめ合ったりさせながら、自分の声を出していけるようにした。

　同時に、聞くことも大事にさせた。授業の中で発言できない子は、問いの内容がわからない、説明の方法がわからないなど様々だが、何を問われたか、友達は何を言ったかを聞いていない場合が多い。聞いている姿を「友達を大事にしてるね。」と評価するとともに、「今○○さんが言ったことを言える人？」「今、○○さんが言ったことを隣の人に話して」と繰り返し、聞こうとする態度を育てた。聞くことで授業も分かることが増えると実感した子供たちは、次第に聞けるようになっていった。

　子供同士が聞き合うようになると、友達の発言に対して、「同じで」「似ていて」「付け加えて」「違って」「でも」「もし～ならば」「なぜかというと」など、つなぐ言葉[2]を使うようになる。考えをつなぎながら、まとめたり、さらに深めたり、新しい考えに気づいたりできるよう評価し、全体で使えるようにした。それに加え、「だから？」「つまり？」「それならば？」など、子供の考えを促す言葉を投げかけ、子供たちが自分の発言の中にも使えるようにした。

　個人や班の考えを提示したときには、「共通点は？」と聞くことにした。繰り返すうちに、自分たちの方で「共通点は」「違うところは」と目を向けるようになった。考えを整理し、自分たちのわかっていること、知りたいこと、気づかなかったこと、間違い、話し合って解決したいことなどに気づき、それを通して、考えをまとめたり、深めたりした。

⑵　双方向の説明で共に考える

　自分や班の考えを説明するときには、「～ですよね。」「ここまでいいですか。」など聞き手に確認しながら説明をさせた。また、学年の初め頃は、「大切なことは言わないで、問いかけて答えさせたら。」と、相手に問いながら説明をさせた。子供たちは、説明が一方的なものでないと知ると、聞き手を意識した説明を考え始めた。ホワイトボードや黒板を使って説明するときに、問いになる部分を自分たちで考えて空欄を作ったり、よりわかりやすい説明の方法を考えたりするようになった。聞く方も考えながら聞くことで、相手の考えをより理解できるようになった。また、全部を考えられない子にとっても部分は答えられる機会が増え、どの教科でも意欲的に発表する姿が増えた。

⑶　思考の道具、方法をもち、学びをつなぐ

　教科に応じた道具（考える手立て）、考え方、説明の方法をもたせるのも必要である。授業の中では、子供から出された方法や考え方を「それは～の考え方だね。」と評価して値打ち付けをし、教室に掲示した。授業の中では、（　　　）で考えると、それらを自分の考えに使う場をつくった。また、思わずみんなが、「ああ！」と言いたくなるような説明が出てくるときには、

どんなところがよかったのかを聞くと共に、その説明を、ペアや班で繰り返し、使えるようにした。学んだことが、別の学習にもつながるよう、「〜と同じように」「それならば〜も」「それならば〜は」を授業でも生活でも意識させた。

⑷　全員で「わかる」・全員が「できる」を求めて

　1時間の授業の中で一人の教師が対応できることには限界がある。教師のヒントより子供が出すヒント、説明の方が子供にはわかりやすいことも多い。問題を考えるときなど、友達に相談したり、友達のノートをヒントにしていいことを伝えた。そのとき、大事にしたのが「教える人」「教えられる人」という意識を固定化しないことであった。アドバイスする側には、「本当にわかっている人は、相手が納得できるような説明ができる。自分がさらに学ぶために、説明に挑戦させてもらいなさい。」と伝えた。「わかる？」と聞かれた方は、わかりかけているとき、自分で考えたいときには断っていいことを話した。初めに、自分の班をわからせ、その後、（他の班に）出張するという約束で進めた。友達の説明でわかった子は、「本当にわかったら、人にも説明できる。」と、今度は説明する側に回らせた。わかった後には、「どの人の説明がわかりやすかった？」と説明する側の評価を説明された側にも聞いた。「共に学ぶ」という気持ちができた子供たちは、休み時間にも、誰と問わず、わからない子が説明できるまで一緒に考えていることが多くなった。

4　体験と各教科や領域の関連で育てる「学びに向かう力」

　3年生の実践だ。この学校では、キャリア教育を校内研究で行っていた。「かかわり」を学級、学校、家庭、地域と広げ、それらを関連させた指導や評価を行うことで、肯定感をもって自己を形成したり、他者との円滑な関係を築いたりできることを目指していた。年間計画では、総合的な学習の時間、特活を中心に、国語、社会、道徳などを相互に関連させ、学びを深められるようにした。この地域は、海と山の両方の自然に囲まれ、古くから残されているものなどにも恵まれていた。そこで、3年生では、「○○町の自慢をしよう」と、自分たちの住む町を調べるという単元を中心に学習を進めた。

　まずは、社会科の町探検で、知っていると思っていた町には、たくさんの知らないことがあることに気付かせ、自分たちの町について知りたいと興味をもたせた。その中で、町の産業にも目を向けさせ、見学をしたり、体験をしたりする活動を取り入れた。知りたいと思った子供たちは、どの活動にも意欲的に取り組んだ。活動の度に自分の分かったこと、感じたことなどを文にまとめさせることを繰り返し、自分を振り返られるようにもした。

　11月、酪農体験をした。4月に気になる行動をしていた子のお礼の手紙だ。

> こんにちは。先日はありがとうございました。仕事について思ったことは、365日休まずにしているのですごいと思いました。ぼくは、おじいちゃんの牛飼いをつぎたいと思っています。前は手伝いをしていたけど、寒くなってきたらしなくなりました。○○さんは、寒くてもえさをやり続けているのですごいと思います。○○さんもじいちゃんも牛をかう仕事を大切にしているんだなと思いました。ぼくも○○さんやじいちゃんみたいにあきらめないで仕事をがんばる人になりたいです。牛を大切にする気持ちで仕事もしたいです。本当にありがとうございました。

　授業では、全員参加、全員発言は当たり前になっていた。
　2学期の総合的な学習の時間の振り返りでは、こんな文があった。

> わたしは、いろいろ調べられるようになったなあと思います。理由は、1学期は、はずかしいなあと思うくらいだめだったけど、2学期になって調べることやまとめること、？がうかぶなどが、みんな当たり前になってきたからです。あと、他のことを調べた人たちも、自分の目で見つけてよくがんばっていたなと思います。

> （古い物）（行事・祭り）（食べ物）（方言）に分かれて勉強をしました。（略）食べ物の人たちは、町で伝えられている食べ物の作り方を本にしてたくさん紹介していました。発表では、アイコンタクトというわざを使い、他のグループの一歩先を行っていました。方言の人たちは、3つのげきをして、その1つは、オリジナルの劇を作っていました。あとの2つは、日本と外国の話を、せりふを○○弁に変えていておどろきました。行事・祭りの人たちは、ポスターを使ってどんなお祭りや何月にあるかを発表していたし、1回目より上手になっていてびっくりしました。（略）

　長期間の学習だったが、意欲は継続され、工夫して発信しようとする姿が見られた。

5　友達との「かかわり」で育てる「学びに向かう力」

(1)　みんなで授業に向かう
　5年生の実践だ。
　4月当初、周囲と進んでかかわることの少なかった子供たちだったが、それぞれが居場所を感じるようになる中、授業の中でも全員で取り組もうとするようになってきた。
　5月。5年になって初めての授業参観。学級通信で紹介した作文の一部である。

> 「(略) ぼくの苦手な算数の授業だった。授業が始まる前は、どきどきしていた。班の人たちのおかげで、発表した。授業参観じゃないときでも発表を続けていきたい。授業参観の時に出た問題がよくわからなかったけど、班の人たちが教えてくれたおかげで問題が解けた。問題を解いたときは、とてもうれしかった。」
> 「ぼくたちの班は、全員発表することを目標にした。(略) 目標を達成できてよかった。とても班で活動することは大事だと、また思った。だから、次の班でも発表することを忘れず、班のみんなを大事にしていきたい。」

　教室が自分を受け入れてくれる場所だと感じた子は、「わからない」を素直に出せるようになる。6月の班日記に次のようなことがあった。

> 「(略) 今日、算数があった。班の話し合いがあったけど、ぼくは話せなかった。なぜかというと、答えはわかっているけど、どう話せばいいかわからなかったからだ。次、話し合いがある時は、自分の考えを話したい。」
> 「(略) あまりわからないので班で話し合った時に、一人以外誰もわからなかった。でも、その人が意見を言って、そういうことかと気づいて、そこから、また新しい意見がたくさん出た。発表するとき全員が挙げていたからいいと思った。」

　この頃の班の目標の中には、「自分の考えをもつ」「班の話し合いでは、全員話す」としていた班があった。班の友達と話し合うことで、自分もという意欲をもったり、考えをもつことができたりしているが、自分で考える、自

分でわかる、自分でできるためには、考える道具、考え方、説明の仕方を身につけるのも必要だった。

　6月。「小数のわり算」の授業。ある大きさがもとにする大きさの何倍かを求める問題を考えた。問題は、次の通りである。**（家から駅までの道のり）**

<table>
<tr><td rowspan="6">　右の表は、はるかさんたちの家から駅までの道のりを表しています。

　はるかさんの道のりをもとにすると、ほかの人の道のりは、それぞれ何倍ですか。</td><td>名前</td><td>道のり（km）</td></tr>
<tr><td>はるか</td><td>2.4</td></tr>
<tr><td>ゆうた</td><td>4.8</td></tr>
<tr><td>みさき</td><td>3.6</td></tr>
<tr><td>ひろし</td><td>1.8</td></tr>
</table>

　教科書では、3つの数字を同時に出しているが、子供たちの理解を考えて、「3.6」「1.8」は空欄のままにし、1つずつ提示するようにした。「2.4kmを1とみる」「何倍かを求める」「今までの学習との違いは、小数になっている」ということを子供の言葉で押さえた後、$\boxed{（\quad）で考える}$と提示し、数直線、かけわり図、言葉の式が使えることを確認した。1つめに「4.8」を全体で考えた。次に「3.6」を個人で考え、発表をさせた後、3つめの「1.8」を出した。誤答が出るだろうと予想し、こちらから、前の2つの計算を数直線上で矢印で示していたことをもとに、これも同じ向き「2.4÷1.8」だよねと、誤答を提示した。みな迷う顔をしているところに、子供からは「2.4×1.8」とさらに誤答がでた。そこに「でも、2.4×1.8だと横にあるのが倍だから、もとにする量×比べられる量になるから違うと思う。」という意見が出され、①2.4÷1.8と②1.8÷2.4のどちらかを考えることになった。誤答の①を選んだ子供が多く、班で考える時間の要求が出された。「考えたい」と思った子供たちは、自分が使える図をもとに、集中して班での話し合いに取り組んでいた。数直線やかけわり図を使い、かけ算の意味を押さえながらの説明、計算からもう一つが違うと思う理由の説明で答えを確認した。

　この単元後、班での話し合いでも聞き役に回ることが多かった子が、図を使っての説明に出てくるようになった。班日記にも次のような言葉が見られた。

「表や図で自分の考えがもてるようになった。勉強が楽しくなった。」
「（略）初めは、話し合ったことでも何人か手を挙げられなかったり、誰も手を挙げられなかったりする時があった。でも、今は、班で話し合ったことをちゃんと理解して、ホワイトボードにも話し合ったことを書き入れられるようになった。全員が手を挙げていて、誰があたってもしっかり説明できていたのでいいなと思った。」

⑵　「わかる」を楽しむ

12月の面積の学習では、2年4年の学習で自分たちで名付けた、「動かす」「分ける」「あると思って考える」「倍にする」を使いながら、それぞれの図形を既習の図形に変えて考えた。最初は、少し戸惑いを見せていたが、自分が使いやすい考え方を見つけると次々に図を変えながら考えるようになり、次の時間を楽しみに待つようになった。算数が苦手な子が、「4年生では（複合図形の）面積がわからなかったけど、倍にするをしたら、面積が得意になりました。」と、別の考えにも挑戦し、考え方も1つ2つと増えた。

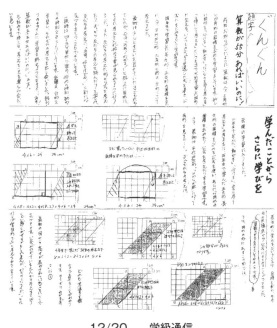

12/20　　学級通信

この学習では、友達の図から式を考えたり、式から図を考えたり、友達の考えを代わって説明させたりした。友達の考えに「ああ！なるほどね！」と新たな気づきをもつことができた。そして、出された式がすべて一つの式に変えられることに驚きながら、公式をつくることを楽しんだ。

　単元を通して「なぜそうなるのか」「それならば他の図形でも」「〜と同じように」と考え、最後の図形の公式を考えるときには、「ああ！算数が55分あればいいのに！」という声が聞かれた。

　この頃は、学習係が朝から問題を用意したり、自習を進めたりしていた。

⑶　「わからない」も楽しむ

　2月の「分数のかけ算とわり算」の授業のことだ。「分数のかけ算は、単位分数の考え方でいくと、分数のたし算、ひき算と同じように分子だけを計算するといい。」と、図などを使いながら自分たちで考えた。次の時間、次の問題を考えた。

> 2dLで、板を4/5㎡ぬれるペンキがあります。このペンキ1dLでは、板を何㎡ぬれますか。

　図をもとに、4/5÷2を立式し、問題を個人で考えた後、班でまとめさせた。そこでも図を使ったり、既習のかけ算で答えを確かめたりしながら、「分数のたし算、ひき算と同じように分子をわって考える。だから、答えは2/5。」という考えを多くの班がだしてきた。しかし、一つの班から「3/5は」という説明が始まった。「問題は4/5なのに、何で3/5？」
という声がいくつも出た。全体が戸惑った顔をしている中、他の班から、「これは、わりきれるけど、分子がわりきれない場合があるからそれを考えたのでは？」の声が出る。説明を聞くと、「3は割り切れないから、分母の方に2をかけて、3/10。だから、4/5÷2は、4/10。」という。確かに、確かめの式をしてみると答えはあっている。でも、説明をまとめきれない。

　本時は、他の班の考えをもとに、「分数のわり算もたし算、ひき算、かけ算と同じように分子を整数でわると答えが求められる」ということはわかったけど、「では、わりきれない場合は、どうなるのか」という問いが残った。この考えが出たのは、「見つけた方法

は、いつでも使えるものかを考える」ことを繰り返してきたからだと思う。

　この頃には、どの教科でも授業の後に、「ああ、今日も面白かった！」というのが、担任と子供たちとの合言葉のようになっていた。また、この日の一言日記には、「明日は、わりきれない場合を考える。楽しみ。」という言葉が見られた。

　様々な「かかわり」の中で、自分も学級も伸びると感じた子供達は、日々の授業にも生き生きと取り組めるようになっていった。子供を学びに向かわせるのは、日々の学級づくりと授業づくりが両輪になったときだと改めて感じた。学びを深める学級づくりと授業づくりを目指していきたいと思う。

註
1）これは、廃校になった佐世保市宇久町神浦小学校での取組である。
2）諫早授業研究会「話し方・聞き方の階段」という学習規律づくりのモデルによる。

（早田　雅子）

6　「どんな自分になっていきたいか」という願いと見通しに立脚した主体形成論の本質

　早田雅子の「学習集団づくり」は、「主体的」な子どもが育っている。もちろん、それは学習集団づくりに限った話ではなく、そもそも教育という営みは「主体的」な子どもの姿が目指される。「主体的・対話的で深い学び」が謳われる昨今は、なおさらである。だが、早田の実践は、他のそれとは違って「主体的」な子どもの本質が際立っている。本節では、早田実践から「主体形成論」の本質を読み解くことを試みたい。

⑴　「主体性」と「操られた主体性」は別物である
　そもそも「主体的」な子どもとは、どのような子どものことをいうのか。手始めに、ある年に早田雅子が出会ったという3年生の姿を手がかりに考えてみよう。

　そこには、じゃんけんに負けて動かなくなる子がいる。もめ事を起こす子がいる。教室を飛び出す子がいる。一般的には「こんな子どもたちは、主体的な子どもではない」と断じられてしまうかも知れない。だが、この子たちは、自らの意思に従って「拒否の自由」を発動している。主体的に権利を主張し、結果としてトラブルが起きているのである。この点において、実は「主体的な子ども」の一面を体現しているといえるのである。

　この例からも分かる通り、「主体的」という概念は、簡単に語り尽くせない多面的な問題を含んでいる。以下の3つ（＋1）の場面を想起しながら、さらに検討を加えてみよう。

　　場面A　　：大人（教師）に管理・命令・支配されて、渋々従っている子ども。→当然、この姿は「主体的」ではない。

　　場面B①：「どんな自分になっていきたいか」という願いと見通しをもって、自分の言動を選び取っている子ども（例えば早田学級の子どもの言葉にあるように、「どんな一年になるか」「伸びる一年にしたい」といった見通しを思い描く姿）。→「主体的」な姿の典型といってよかろう。

　　場面B②：先に挙げた「教室を飛び出す」ような子ども。→大人の目から見たら「困った子」「都合が悪い子」に映る。「どんな自分になりたい」といった具体的な願いやイメージ（B①）を有しているわけではない。だが、まだ短絡的ではあるものの、「自分はこうしたい」「これはしたくない」という、その子なりの「願い」があり、「主体的」な子どもの一側面を体現している。そしてその願いは、（早田がいうように）自分たちのよさと可能性を「今は意識していない」だけであることが多く、「具体的な姿」がイメージできさえすれば、「自分もこうなっていきたい」という見通しを伴った願い（B①）へと進化し得る。

　　場面C　　：信頼を寄せる大人（教師）の思い・願いをくみ取って行動し、褒められることに喜びを見出している子ども。→表面的には意欲的で「主体的」な姿に見える。信頼する大人に「褒められたい」という願いは、誠実で切実である。しかし、「どんな自分になっ

ていきたい」という願いや見通し（B①）とは隔たりがある。「いま目の前で褒められたい」という、いわば「利那の承認欲求」にもとづく「仮初めの願い」に過ぎない。大人の願いを忖度して言動を選択しようとする点で、「操られた主体性」とも呼ばれ、「自分がどうしたい・したくない」という個々の願い（B②）すら背後に霞みがちになる。

　「主体的」な子どもを論じるとき、最も注意を要するのは、「操られた主体性」が発動している状況（C）である。それは、子どもが意欲的に取り組んでいるように見えるため、真に「主体的」な子どもの姿（B①）と区別しにくい。つまり、「主体的な子ども」を標榜する幾多の教育実践の中にも、「操られた主体性」が混在している可能性がある。

　当然、学習集団づくりも例外ではない。学習集団論は、その理念において「主体形成論」が支柱である。だが、子どもが教師の願いを積極的にくみ取り（いわば忖度し）、結果として子どもが自ら進んで操られようとするような状況が、意外なほど普通に紛れ込んでいるのではないか。厄介なことに、教師への信頼が厚ければ厚いほど、子どもは忖度したくなるかも知れない。そういうパラドクスを呼び込んでしまう危険性さえある。

　以下、早田実践を具体的に検討することを通して、「操られた主体性」と「真の主体性」との違いを峻別し、主体形成論を貫徹する道筋を探ってみたい。

⑵　早田実践に見る主体形成論の諸原則
１）今ある「よさ」を承認し、未来像を緩やかに指さし委ねる評価活動

　早田は、「一年間を通して育てたい姿」を具体的に評価する。「〜さんは、〜しようとしているね。自分で考えた証拠だね」「友達を大事にしているね」という評価言には、多重的な意味が込められている。その子自身も自覚したことがないような、「現時点におけるよさ」を発見・承認しつつ、同時に「（それを伸ばしていけば）〜ができるような素敵な人になっていけるよ」というメッセージを込めて緩やかな未来像を指さしているのである。こうしたメッセージの発し方であれば、「どんな自分になっていきたいか」という具体的な自分の未来像は事細かに限定されておらず、その子自身が主体的に思い描

いていく自由が保証される。

　それは例えば、「姿勢よく座っている姿を評価する」とか、「意欲的に挙手する姿を評価する」とかいう現時点の言動だけを指さす評価活動とは異なる。あるべき子ども像をスモールステップで示して、管理・統制・調教するような短絡的な評価活動とは根本的に異なるのである。

　子どもたちの成長を願う教師の方向性だけは力強く示しつつも、最終的には子ども自身の判断を信じて委ねている点に、早田実践の特徴がある。結果、教師側の主体性を過度に発動せずに済み、子どもが自ら教師の願いを忖度するような歪な権力関係が発生しないのである。

2）相互に承認し合う関係性を育む学級づくり

　子どもが「どんな自分になりたいか」を思い描いていくような主体性は、「他者から承認されること」によって発動する。だが、それが誰かとの権力関係によって「操られる」ような形で誘導されないようにするためには、以下の要件に留意する必要がある。

　①　子どもが互いのよさを承認し合う

　早田学級では、一人のよさを子どもが相互に発見し、承認し合う場が大切にされている。まずは、一人一人違うよさや伸びを教師が値打ちづける。やがて、帰りの会やありがとう作文、班日記を通して、子どもが互いのよさを具体的に認識し、承認し合うようになっていく。

　②　互いの困り感を理解し合う

　子ども同士のトラブルが起こると、早田は「何が言いたいのか」「どんな気持ちなのか」を問う。そのことに目を向けるのが子どもたちにとっても当たり前になり、「どういうことで困っているのか」「どうしたいのか」を考えるようになる。

　子ども同士の相互承認は、「よさ」を承認することだけでは十分ではない。こうした困り感も認め合う取組が重要なのである。こうした関係性が育まれている結果として、授業においても（P.113にあるように）子どもが「わからない」と言えるようになり、「わかりたい」と願う主体性が発揮されるのである。

③　信頼に足る他者に出会い、信頼に足る自己に出会う

　早田学級では、トラブルだけでなく、特別活動の取組や分担、総合的な学習の取組などについて、子どもが話し合って決めることを大事にしている。特定の子どもに対する批判の声が上がる時もあるが、言われた側もそれを受け止め変わろうとするという。子どもが主体的に相互批判をし、批判された側も主体的に受け止めようとするのはなぜなのか。

　日頃の話し合い活動を通して、自分たちの集団を自分たちの力でつくりかえていけるという手応えを子どもたちは知った。その過程で、自分の声が聞き届けられるという手応えを体感したはずである。それは、学級の仲間を「信頼に足る他者」として認識したことを意味する。同時に、信頼に足る他者によって自分の声が聞き届けられるとき、自身も「信頼に足る私」なのだと自覚する。子どもは、目先の承認欲求から解放され、自分の弱さにも向き合えるようになる。「自分自身のことも、つくりかえていける」と思えるようになったとき、主体的に相互批判し合える関係が成立する。こうして、学級や自分自身をつくり・つくりかえていこうとする主体性が育まれるのである。

3）学習主体が立ち上がる授業づくり

①　認識主体を覚醒させる学習規律の指導

　学習規律は「子どもの学習権を保障する権利の道具」である。だが、子どもの学習権の発動を、「発話による授業参加」といった「分かりやすい行動指標」だけで看取ろうとすると、本質を見誤る。故に、授業における学習規律の指導は、「形式（行動）に関する規律」に終始するだけでなく、「内容（認識）に関する規律」へと進化していく道筋が必要であると言われてきた。

　早田実践における学習規律の指導の特徴は、徹底して子どもの「認識」に切り結んでいこうとする点にある。全員発言を目指しつつも、「聞くこと」を重視している点にそれが表れている。「だから？」「つまり？」「それならば？」「共通点は」「違うところは」といったつなぎ言葉の指導も、一見すると話形という行動形式に関する指導に見えるが、その本質は子どもの認識をゆさぶる指導である。「これは〜と考えたのでは？」（P.116）というような想像説明ができる子どもが育つのは、発言形式の獲得を通して、深い認識へと切り込んでいこうとする主体性が育まれているからである。

　こうした指導の結果、「考えを整理し、自分たちのわかっていること、知りたいこと、気づかなかったこと、間違い、話し合って解決したいことなど」を追究する姿が体現する。それは「もっと知りたい」「分かる私になりたい」と願う姿であり、認識における主体性の発動を意味する。

　一般に、全員発言や話形の指導のような、分かりやすい行動形式の指導に終始してしまう授業も多い。だがそれは、授業における認識の主体にまで高まっていないという点において、「操られた主体性」の域を出ない。

②　「双方向の説明」で聞き手の主体性を呼び込む

　「〜ですよね」「〜ここまでいいですか」という、発言する子どもによる問い掛けは、聞き手側に認識主体としての参加を要求している。この取組を通して、語り手側自身も「もっと聞き手の認識をゆさぶりたい」と願う主体性がより加速するという双方向性がある。認識の指導であるが、同時に子ども同士の関係性を育む、学習集団づくりの特徴的な指導である。

③　思考の道具を分かち合う―認識の指導と関係性の指導の双方向性

　授業の中で子どもは「考え方」を創出する。そのよさを評価して顕在化させ、みんなで使ったり、どういう点がよかったか確かめたりして、その価値を分かち合う。面積の授業実践（P.116）で、子どもたちが「わかる」を楽しむことができたのも、子どもたちが面積の求め方を分類・命名して分かち合ったからである。

　考え方を分かち合うということは、「いつか一人でわかる・できるようになりたい」と願う認識における主体形成の指導でありつつ、同時に関係性を育む指導である。

④　子どもが挑んでみたい内容（ズレ）を顕在化させる教材研究

　早田は、P.114にあるような誤答を示して子どもの認識をゆさぶり、「考えたい」という願いを引き出す実践も紹介している。子どもの関係性や、認識に切り込む言葉の指導だけでなく、「挑んでみたい」という子どもの願いが立ち上がってくるような価値ある学習課題が必要である。

⑤　権利主体としての語り手と聞き手の共鳴関係

　「主体的・対話的で深い学び」の影響で、子ども同士が説明し合う授業は増えている。しかし、説明する側と説明される側の間にある「優劣の格差を際立たせるだけの説明活動」も多い。そこには、自らの有能さをアピールし

たい子どもと、聞いて理解できたふりをしてその場をやり過ごしたい子ども
の姿がある。いずれにしても、そこには、より深い認識に至りたいと願う学
習主体は居ない。

　早田実践において、説明する側は、より深い認識に至るために説明に挑戦
する権利者として扱われる。聞き手側も、深い認識を追究する権利者である
から、もう少し一人で考えたいときには説明を拒否する自由がある。説明を
聞いて分かりやすかったかどうか、評価する権利も与えられている。双方が
学習の権利主体であるという立場を徹底している。早田学級で、休み時間に
なっても一緒に考えている子どもが増えるのは、説明する権利を行使する子
どもと、説明を聞く権利を行使する子どもの主体性が共鳴しているからであ
る。

⑥　全員発言は手段でなく結果である

　早田自身もそうしているように、私たちは全員発言をひとまずの「目標」
に掲げて取り組むことが多い。だが、それだけだと「発言できる自分になっ
ていきたい」という次元に止まることになる。

　一方、早田のキャリア教育における実践記録には、「全員参加、全員発表
は当たり前になっていた」と記されている。子どもは、学びたいという願い
にもとづいて学び、語りたいという願いにもとづいて語る。その結果として
の全員参加・全員発表なのである。

　早田雅子の「学習集団づくり」は、「主体的」な子どもが育つ。それは、「褒
められたい」「よく思われたい」といった表面的で刹那的な承認欲求にもと
づくものではない。「どんな自分になっていきたいか」という願いと見通し
に立脚した主体形成論の本質を示している。

　それはおそらく、どんなに優れた道徳科の授業よりも自己の生き方を追究
しようとしている子どもの姿であるといってよいだろう。

（八木　秀文）

第5章

特別支援教育における生徒との出会いとかかわりづくり

1　特別支援学校の生徒との出会い

　私は、特別支援学校に勤務して8年目の教師である。初めて赴任した学校は知的障害の特別支援学校であり、特別支援学校に足を踏み入れるのは、大学の介護等体験以来のことであった。勤務初日に100名を超える教職員の前で緊張しながら自己紹介をしたことが強く印象に残っている。そもそも中学校社会科の教師となることを希望していたが、特別支援学校の中学部に採用されたという経緯から、知的障害の特別支援学校はどんな雰囲気なのか、どんな生徒がいるのか、授業はいったいどうやって行うのか、特別支援教育の右も左も分からない不安だらけのスタートであった。ここでは、初任校での4年間を振り返り、学んだことをまとめてみたい。

⑴　障害のある生徒の気持ちに寄り添う ―― 生徒Nと向き合って ――

　初任の年に副担任をした学級は、中学部2年で生徒4名の単一障害学級であった。担任として一緒に学級を受け持ってくれたのはベテランの女性Y先生であった。複数の教師で学級を受け持つということに戸惑ったが、Y先生は、日々の授業、生徒のことなど沢山のことを教えてくれ、特別支援教育の基礎を教えてもらったと言っても過言ではない。

　知的障害の特別支援学校の中学部の生徒というと障害の状態が重く、意思の疎通が難しいとか、トイレ介助や食事介助が必要な生徒がほとんどであるというイメージをもっていた。実際にそのような状態の生徒も多くいたが、初めて受け持った学級にいた生徒N君はそのイメージとはかけ離れていた。N君は、家庭の問題で児童養護施設を転々とし、1年生の途中に転校してきた生徒である。N君は、軽度の知的障害はあるが、言葉でコミュニケーショ

ンがとれ、学力に課題はあるが読み書きや計算ができ、体を動かすことも得意だった。一見すると知的障害の特別支援学校の生徒に見えなかった。しかし、N君は感情のコントロールが難しく、自分の思い通りにならないと教室を飛び出したり、友だちや教師に暴力を振るったり、物を壊したりするといった行動を頻繁に起こす生徒だった。初任の1年間を振り返ると、N君との出来事ばかりが思い出されるくらい、私のなかで強烈な印象が残っている。

　新学期初日からN君は通りすがりの小学部の児童を蹴ったり、始業式の会場から脱走したりして私とY先生を試してきたのである。その日以降、毎日私たちは、N君の行動に頭を抱える日々が続いた。頭を抱えるというよりも、他の児童生徒に暴力を振るったり、ガラスを割ったり、他教室の物を壊したりしたことに対して、頭を下げて回る日々が続いた。

　Y先生との話の中で、「N君を何とかしないと学級が落ち着かないし、授業にならない」ということになった。実際、授業中にN君が教室を飛び出したり、癇癪を起したりするたびに授業が止まり、他の生徒に迷惑がかかってしまう状態だったのである。そのような状況の中で、私たちが最初に取り組んだのは、N君の行動には何か理由があるのではないかと考え、N君と「正面から向かい合い、気持ちに寄り添う」ということだった。N君が教室を飛び出したり、暴力を振るったり、物を壊したりした際には、その場ですぐに指導するのではなく、空き教室や空きスペースなど誰もいない刺激の少ない落ち着いた環境で、さらに一対一での対話を繰り返し、N君の気持ちに寄り添うことを心掛けた。

　取り組み開始当初、N君は別室に移動することを嫌がり、そのことでさらに感情が高まり、対話どころではなかった。そうなってしまうと、とにかく落ち着かせることが最優先となってしまい、私たちはN君と対話したり、N君の気持ちに寄り添うといった状況ではなかった。N君への指導がうまくいかない時、最初は戸惑っていた複数の教師で一つの学級を受け持つことのメリットを感じることができた。例えば、私がN君に対応してもうまくいかない時にY先生に交代してもらうとうまくいったり、逆にY先生と私が交代することで指導がうまくいったりすることがあった。Y先生にたくさんのアドバイスをもらったり、Y先生が指導する姿を見たりしながら、私は試行錯誤してN君への指導を行った。感情のコントロールができないN君に叩かれた

り、蹴られたり、噛まれたりしたこともよくあったが、粘り強くN君と向かい合い続けることで、徐々にN君との対話ができるようになっていった。

　N君を指導する際に一番大切にしたことは、「自分から話し始めるまで待つ」ということである。知的障害の生徒には過去の出来事を思い出すことが難しかったり、物事を関連させて考えることが難しかったりするという生徒もいる。一般的に問題行動が起こった時、その時、その場で指導する、即時評価が適切であるとされる。しかし、N君の場合、感情が高まっている時に指導をすることで、さらに感情をコントロールすることが難しくなってしまうのである。そのため、他の生徒に危害を加えたり、物を壊したりする危険のない場所で、N君が落ち着くことを「待つ」ということを徹底した。N君が落ち着くまでかなり時間を有することも多かったが、辛抱強くN君を待った。N君が落ち着いたところで、まず、N君の言葉に耳を傾けることに努めた。N君が自分の気持ちを吐き出したところで、「どうしてそのようなことをしたのか」、「その時の気持ちはどうだったのか」、「その時どのような行動をとればよかったのか」など自分の行動を言語化させたり、場合によってはソーシャルスキルトレーニングのような形で指導を行ったりして自分の行動を振り返らせた。

　N君がこのような指導をすんなりと受け入れてくれたわけではないが、N君がY先生と私を少しずつ信頼してくれるようになったことを感じることができた。それは、これまでほとんど話すことがなかった幼少期のことや施設での生活の様子、家族や教師、施設の職員への思いを話してくれるようになったことから感じることができた。N君のY先生と私への信頼が高まっていく過程を振り返ると、生徒の言葉に耳を傾け、気持ちを理解しようとすることが生徒との信頼関係を築く第一歩であり、その際には無理に言葉を引き出すよりも、自分から気持ちを話し出すまで「待つ」ということが大切であるということを知ることができた出来事であった。

⑵　**生徒の興味・関心を活かした授業づくり**

　N君の気持ちに寄り添うという取り組みと同時に、どのようにしたらN君が授業に参加することができるのかということについても頭を悩ませた。N君は、好きな事や興味のある事に対しては意欲的に取り組むことができるが、

少しでもうまくいかないと癇癪をおこしてしまい、授業に参加できなくなってしまうことが多かった。このようなN君が意欲的に、そして落ち着いて授業に参加できるようにY先生と取り組んだ。

　私は特別支援教育に携わって1年目ということもあり、知的障害の特別支援学校の授業について分からないことだらけだった。知的障害の特別支援学校の教育課程の特徴でもある、日常生活の指導、生活単元学習、作業学習といった教科・領域を合わせた指導についてまったくといっていいほど見通しをもてていなかった。1時間の授業を行うだけでも、授業の構想、教材の準備にかなりの時間がかかっていた。

　N君は、自分の思う通りにいかないと癇癪をおこすという面もあるが、色々なことにチャレンジしてみたいという思いがとても強い生徒だった。そのような実態を踏まえ、さらに勤務校の年間指導計画は自由度が比較的高く、生徒の実態に応じて、単元内容や授業内容を設定することが可能であったことから、N君の興味・関心をもとにひとつの単元を構成してみることにした。

　ここでは、その時に取り組んだ生活単元学習「季節を感じよう（秋）」単元での取り組みを説明する。

生活単元学習「季節を感じよう（秋）〜さつまいもでつくろう〜」（全9時間）
単元目標：「自分たちで計画し、プレゼントを渡すことができる」
　　　　　「秋の野菜を使い、協力して調理をすることができる」
単元計画：第一次…さつまいも料理とプレゼントする先生を決めよう（2時間）
　　　　　第二次…さつまいもを収穫しよう（1時間）
　　　　　第三次…さつまいも料理を作ろう（3時間）
　　　　　第四次…プレゼント作りとプレゼント渡し（2時間）
　　　　　第五次…振り返り（1時間）

　まず、単元を構成するにあたり、「どんなこと授業でやってみたい？」とN君に質問した。N君は、調理が好きで、初夏に植えたさつまいもが収穫の時期だと分かっていたこともあり、「さつまいもで料理がしたい。それを自分で食べたいし、○○先生にも食べてもらいたい」と答えた。

　N君の希望を踏まえ、Y先生と相談しながら、次のような単元を計画し、授業を進めた。

　授業を展開するにあたり注意したことは、N君の興味・関心を基に構成し

た単元であるが、N君が自分勝手な事をしないようにしたことである。例えば、第一次「さつまいも料理を決めよう」では、N君が中心となり、パソコンや本を使ってさつまいも料理を調べたが、数種類の料理の候補を提案させ、学級みんなでの多数決によって決定した。また、同じく第一次の「プレゼントする先生を決めよう」では、N君がプレゼントしたがっていた○○先生だけでなく、校長や教頭、養護教諭など学級で日常から関わりのある先生を考えさせ、それらの先生にもプレゼントするようにした。ちなみにN君は、日常的に校長や教頭から指導を受ける機会が多いこともあり、プレゼントをすることには抵抗感があったようであるが、そうした先生にもプレゼントするように促した。そして、調理もN君一人で全工程を行うのではなく、学級の中で役割分担をして作業を進めるように設定した。

　この単元のなかでN君は、調べ学習の際にパソコンでの文字入力に手間取ったり、調理の際に形がうまく作れなかったり、メッセージカードの文字を間違って何度も書き直したりとたくさんの失敗をした。それが原因で癇癪をおこし、人に暴力を振るったり、教室を飛び出したり、物にあたったりということが授業中にたくさんあった。しかし、N君は「○○先生にプレゼントする」を合言葉に辛抱強く取り組み、最終的には、学級のみんなで協力して調理したスイートポテトを○○先生にプレゼントすることができた。そして、○○先生からだけでなく、プレゼントを渡した先生達からも褒めてもらったことが嬉しく、さらに自信もついたようで、「先生、次は〜をしてみたい」と授業に対して意欲的な発言が見られるようになった。そして、この単元を通して一番驚いた出来事は、第五次の「振り返り」の際に起こった。

　私は振り返りにおいて、N君が頑張ったことや嬉しかったことは答えるだろうが、できなかったことや難しかったことは答えないだろうと予想していた。しかし、いざ振り返りをしてみると、「怒って、教室を飛び出したのがいけんかった」と自身の反省を発表したのである。これには、私もY先生も驚いたが、これまで日常的に取り組んできた自分の行動を言語化して振り返らせるという取り組みの成果が現れたことに喜びを感じた。そして、自分の行動を振り返ることができたN君をしっかりと評価することも忘れなかった。この取り組みを機に、徐々にではあるがN君は落ち着きを見せるようになっていった。

> 私：「この授業で頑張ったこと、楽しかったことはなに？」
> Ｎ君：「スイートポテトを作るのを頑張った。」
> 　　　「○○先生にプレゼントを渡せて嬉しかった。」
> 私：「じゃあ、この授業でできなかったこと、難しかったことはなに？」
> Ｎ君：「怒って、教室を飛び出したのがいけんかった」

　生徒の興味・関心を基にした単元を構成し、授業を行ったことでＮ君は意欲的に、そして我慢強く授業に参加し、自信を深めることができた。全ての単元でこのように生徒の興味・関心に基づいて構成することができるわけではない。しかし、生徒の興味・関心を授業内容や課題、支援方法の中に取り入れながら、生徒が意欲的に授業に取り組むことができる授業づくりを意識して取り組むことの大切さを実感することができた。

　なお、Ｎ君以外の３名の生徒は、暴力をふるうＮ君に対してかなりの恐怖心をもち、Ｎ君が近くにくるだけで逃げてしまうといった状態で日々の学校生活を送っていた。しかし、Ｎ君が落ち着いて授業に参加し、一緒に活動できるようになってくるにつれ、３名の生徒のＮ君に対する恐怖心が薄らいでいき、Ｎ君におびえることなく一緒に活動できるようになっていった。Ｎ君だけでなく、学級の様子までこの出来事を契機として変わっていったのであった。

⑶　１年間の取り組みを通して

　私を悩ませ続けたＮ君は複雑な家庭環境が理由で児童養護施設に入所していた。Ｎ君が自分のことを話すようになった後に分かったことであるが、Ｎ君が入所している施設では自分のやりたいことがなかなかできないし、話をする友だちもいないし、施設の職員も障害の状態の重い子への対応が忙しくてなかなか相手にしてもらえないので、学校から帰るとつまらないとのことだった。つまり、Ｎ君にとって、自分のやりたいことができるのは学校だけ、自分が注目されて相手をしてもらえるのも学校だけという状況だったのである。そう考えると、学校にいる限られた時間の中で自分のやりたいことができなかったり、うまくいかないことがあって癇癪を起してしまったり、注目を浴びるために問題行動を起こしてしまうＮ君の気持ちも理解できる。

　N君のような厳しい環境に置かれている生徒はそこまで多くないだろうが、障害により自分の思いをうまく表現することができない生徒は特別支援学校にたくさんいる。そのような生徒に対して、「正面から向き合い、気持ちに寄り添う」という姿勢は忘れてはならないし、「生徒の興味・関心を授業に活かす」という意識で授業づくりをすることも欠かせないことである。特別支援学校の中学部に在籍する生徒とは思えなかったN君への取り組みを通して、特別支援学校のどの生徒にも当てはまる大切なことに気付くことができたのである。

　私は、この学級を1年間受け持ち、翌年違う学年の担任となった。しかし、その後もN君は事あるごとに私に話しかけてくれたり、休憩時間に一緒にサッカーをしたりするなどかかわりは続いた。そして、私が異動し、N君が高等部を卒業するまで毎年年賀状が送られてきた。N君が高等部卒業の年に送られてきた年賀状には、「ぼくも、今年で高とうぶをそつぎょうします。はたらきます。がんばります。」と書かれており、N君の成長を実感し、感慨深かった。

2　特別支援学校における学級とは

(1)　個に応じた指導と学級

　知的障害の特別支援学校の中学部では、単一障害学級では、1学級に最大6名、重複障害学級では、1学級に最大3名の生徒が在籍する。そして、その学級には、様々な実態の生徒が在籍している。また、知的障害の生徒が所有している療育手帳には、障害の状態によって最重度のⒶ、A、Ⓑ、そして最も軽度とされるBという四つの区分がある。さらに、障害の種類では、知的障害と大きく一括りにされているが、その実態を詳しく見ると、知的障害、広汎性発達障害、ダウン症、自閉症など様々な障害の生徒がいる。同じ学級の中で、療育手帳の区分が一緒であったり、障害名が一緒であったりしても、個々の実態はまったく異なっている場合がほとんどである。具体的言えば、排泄、衣服の着脱、食事が自立しているかどうか、言葉でのコミュニケーションをとることできるかどうか、読み、書き、計算ができるかどうかなど、一人として同じ実態の生徒はいないのである。

　２年目に私が担任したのは、中学部１年生、生徒数６名の学級であった。その学級は、特別支援学校の小学部から進学してきた生徒が４名、地域の小学校から進学してきた生徒が２名おり、さらに生徒の実態差の大きい学級であった。

　初任時は、日々の授業や生徒の問題行動に対処するだけで手いっぱいだったが、特別支援学校での１年間の勤務を経験し、「こんな授業をしたい」とか「生徒がこんなことをできるようにしたい」と将来的な展望を見据えることができるようになっていた。

　特別支援教育では、生徒の将来的な姿を見据え、個別の教育支援計画や個別の指導計画を作成し、その目標を達成するために個々の障害や実態に応じた指導・支援の方法を考えていく。それが「個に応じた指導」であり、特別支援教育の特徴の一つであり、良さである。初任時は余裕がなかったが、２年目となり少し余裕が出てきたこともあり、私も「この授業ではこんな力を伸ばしてやりたい」とか「１年後には生徒がこんなことをできるようになって欲しい」という思いをもち、一人ひとりに適した指導・支援の方法を考えながら、日々生徒たちと向かい合っていた。

　そうした日々の中で、普通校と同じように特別支援学校にも学級があるが、学級の在り方について意識されることがほとんどないということを感じた。教師間の会話でも「○君、〜できるようになったね」とか「●さんは最近少し落ち着きがないね」というような生徒個人に焦点を当てた会話はよく耳にするが、「△組、みんなで行事に取り組んでたね」とか「□組はまとまって行動できるようになってきたね」というような学級そのものを話題にした会話はほとんど耳にすることがなかった。それは、学級というまとまりを軽視しているというわけではないし、特別支援学校に在籍する生徒の実態を考えるとやむを得ないことなのかもしれない。しかし、私は特別支援学校における学級の意味とはいったい何だろうという疑問を感じるようになった。そして、せっかく学級があるのだから、学級における人とのかかわり合いの中で生徒たちの力を伸ばしてやりたいと考えるようになった。

⑵　学級で活動するということ

　私の２年目は、特別支援学校における学級の意味について考え、「学級で

活動する」ことを目標に取り組んだ1年間だった。具体的には、「学級で活動する」ために学級における人とのかかわりを創り出すことに取り組んだ。この年は副担任ではなく、担任をすることになった。副担任は、50代のベテランのM先生で、高等部での指導経験が長く、学校卒業後の生徒の姿をイメージしながら指導することに長けた先生だった。私の目標にも共感してくれ、実際の指導に当たっては様々なアドバイスを受けた。また、M先生の「障害のある生徒は、卒業した後、社会に出て行き、いろいろな人とかかわりながら生きていかないといけない」という話を聞いたことで、生徒たちの将来を考えた上でもこの取り組みは無駄ではないと確信し、取り組みにあたることができた。

　私が担任した学級は実態差が大きかったものの、6名全員が言葉を話すことができた。しかし、言葉を話すことができると言っても、コミュニケーションをとることができる生徒は3名で、残りの生徒は、自分の好きなフレーズを繰り返すだけであるとか、自分の思いを一方的に口にするだけという状態であった。また、人とかかわるという点に関しては、コミュニケーションを取ることができる生徒が教師に話しかけてくることはあるが、生徒同士のかかわりはほぼ無い状態で、もはや、他人には興味がないと言ってもいいほどだった。知的障害の特性を考えると、人とかかわることが難しいのは仕方ないことである。しかし、このような状況の中でも、学級において人とのかかわりの中で生徒の力を伸ばしたいと思い、どのようにしたらその目標を達成することができるかということに苦心した。

　ここでは、学級で活動するために人とのかかわりを創り出すことを目標として取り組んだ作業学習の手工芸「紙すき」の単元の授業を取り上げる。

　この単元では、「一連の活動に見通しをもって参加し、作品を完成させることができる」という目標が設定されており、牛乳パックを材料として紙すきをし、ハガキやしおりを作り、保護者に手紙を書いたり、プレゼントをしたりするという内容の単元である。この単元で私は、「学級で活動する」ことを意識し、紙すきの全工程を一人で進めるのではなく、学級内で役割分担をして作業を進めることにした。学級の生徒数が6名ということで、紙すきの工程を次の6工程に分けた。

作業学習（手工芸）「紙すき」の工程
　①牛乳パックの折り目に沿ってハサミで切る。
　②牛乳パック表面のフィルムをはがす。
　③フィルムをはがした牛乳パックを手やハサミで細かくちぎる。
　④細かくちぎった牛乳パックをミキサーにかけ、紙すき用の溶液を作る。
　⑤型枠を用いて紙すきをする。
　⑥型枠から紙を外し、アイロンを当てて乾かす。

　作業工程を6つに分けたが、指導に当たっては、自分に分担された作業しか分からない、できないといったことがないように留意した。具体的には、生徒一人ひとりが作業全体の見通しをもつことができるように教師が一連の作業を実際にやって見せたり、写真入りの手順表を作成したり、机をロの字型に配置して、他の生徒の作業の様子が見えるようにしたり、役割をローテーションしたりして全工程の見通しをもって作業ができるように工夫を行った。そして、学級内で人とのかかわりを作り出すために次のようなきまりと方法を提示した。

　下の表のやり方の①は、言語によるコミュニケーションをとることができる生徒向けのやり方であり、②は、言語によるコミュニケーションをとることが難しい生徒向けのやり方である。

＜きまり＞
自分の作業が終わったら、次の作業を友だちにお願いする。
＜やり方＞
①「～くん（さん）、お願いします」と言って、材料を渡す。
②次の担当者の肩を叩いて、目を合わせて材料を渡す。

　「紙すき」は、牛乳パックから薄いフィルムをはがすという指先を使う細かい作業や型枠を使って溶液をすくい、厚さを均一にするといった力加減の難しい作業など難易度の高い活動であったが、生徒たちは繰り返し活動することで、それぞれの作業内容を理解し、行うことができるようになった。

　しかし、この授業できまりとして提示した、「自分の作業が終わったら、次の作業を友だちにお願いする」ことがなかなか定着しなかった。自分の担当する作業が終わったら、その場で待ち続けていたり、次の人にお願いする

ことなく、材料を次の人の机の上にポンと置いて行くだけだったりという状態だった。

　やはり、きまりとして提示するだけでは生徒への定着が難しかった。そこで、支援の方法を考え直した。文字を読んでその内容を理解することができる生徒に対しては、「～くん（さん）、おねがいします」という話型を示したカードを準備し、手順表の中に組み込んだ。そして、自分の作業が終わった時には、教師が手順表を指さしし、行動を促した。また、文字を読んでその内容を理解することが難しい生徒に対しては、「お願いします」を意味するイラストカードを準備し、次の担当者の肩を叩き、イラストカードを手渡し、次の作業をお願いすることを促した。

　こうした支援を行うことで、「紙すき」単元が終わるころには、すべての生徒がそれぞれの実態に応じた方法で友だちに次の作業をお願いすることが定着してきた。人とのかかわりを創り出すことは簡単ではなかったが、作業学習（手工芸）「紙すき」単元は多くの時数が設定されており、じっくりと時間をかけて取り組むことができた。そのおかげで、生徒に対して提示したきまりも定着した。やはり知的障害の生徒にとって、時間をかけて繰り返し、継続して取り組むことが物事の定着につながるということを再認識することができた。

⑶　学級生活における人とのかかわり

　意図的に友だちとかかわる場面を教師が仕組むという取り組みを授業だけでなく学級生活全体を通して取り組んでいった。例えば、毎日の朝の会で健康観察をする時、日直の生徒が本人の前に行き、「～君、元気ですか？」と話しかけるということも行った。

　そのような取り組みを行っていくなかで、生徒同士がかかわりをもとうとする場面が少しずつ増えていった。最初は、友だちの様子を興味あり気に眺めるといったことであったが、次第に登下校時に「～くん、おはよう」、「～さん、さようなら」と挨拶をしたり、物を渡す時に「はい、～さん」と言ったり、休憩時間に「～くん、～しよう」と友だちを遊びに誘ったりする様子が見られるようになった。

　このような生徒たちの変化により、学級に活気が出て、まとまりが出てき

たと感じることができた。さらに授業を考える際に、生徒同士がかかわる場面を設定しやすくなったことで授業のバリエーションを広げることができた。

　私はこの学級を2年間担任した。「学級で活動する」という目標をもち、2年間継続して取り組みを行った。学習集団づくりの授業のように教科内容や学習内容、授業中の友だちの発言に対してかかわるという段階まで指導することはできなかった。もしかしたら、それは生徒たちの障害の程度や実態を考えると難しいことなのかもしれない。しかし、同じ学級にいる友だちを意識して行動するという人とかかわるための基本となることは指導できたと思う。保護者から、「家でよく友だちの名前が出るんですよ。学校が楽しいんだろうなと思って安心しています」という話を聞いた。生徒たちはこれから中学部、高等部を卒業するまで、学級の中で人とかかわっていくことになる。そうした生徒たちの生活を充実させていくために、学級での人とのかかわりの中で生徒の力を伸ばしたいと強く思うようになった。

　以上のように、特別支援教育の世界に足を踏み入れた初任校での4年間は、日々驚きと発見の連続だった。そうした中で今後も教師を続けていくうえで大切にしていきたいことは次の三点である。

　まず、「生徒と正面から向き合い、気持ちに寄り添う」ことであるが、特別支援学校の日々の学校生活の中で、自分の気持ちをうまく表現することができない生徒の様子を見ていると「この子は～ということが伝えたいんだろうな」と感じることがある。このように生徒の気持ちを敏感に感じ取ることができるように生徒と正面から向き合い、気持ちに寄り添うことができるように努めていきたい。

　次に、「生徒の興味・関心を授業に活かす」ことであるが、生徒の学習意欲を高め、生徒が目を輝かせて授業に参加することができるように、生徒の興味・関心を授業づくりに活かしながら、生徒にとって魅力のある授業、生徒の力を伸ばすことができる授業を行っていきたい。

　最後に、「学級で活動する」ことである。知的障害の特性を考えると、人とかかわることが難しいということはやむを得ないことかもしれない。しかし、学校生活や学校外での生活、学校卒業後の生活において人とかかわりな

がら、そして、支援を受けながら生活を送っていかなければならない。その
ために人とかかわるために必要な力を学校、特に学級の中で身につけること
ができるように指導するとともに、学級において人とのかかわりの中で生徒
の力を伸すことができるように取り組んでいきたい。

（溝上　大輔）

3　特別支援教育と通常の教育をつなぐ学習集団の授業づくり

⑴　学習集団論と特別支援教育

　学習集団を軸にした授業実践と理論は、子ども（集団）と教師（集団）と
が相互に生活と学習の主体に成りゆく過程に注目し、日々生きている生活の
基盤を問い返しながら授業実践（学校教育）の在り方を探究する教育の理念
型である。溝上実践は、社会科の教師を目指しつつ特別支援教育の世界に入っ
た最初の4年間の記録だが、そこには溝上氏の「学び」と、その基盤になっ
た「集団・生活」の意義が提起されている。通常学校における教育実践の知
を前提にしつつ、障害のある子どもとの出会いやカリキュラムづくり・授業
づくりについて溝上氏自身が「学び」を深め、そのプロセスを支えた「集団」
と「生活」の意義を示した記録である。

　子どもたちの学習とその過程での集団という意味とともに、それを指導す
る教師の学びと集団・生活の在り方を問うものとして学習集団論を位置付け
たい。特別支援教育の実践にこそ、こうした意味での学習集団論が求められ
るのであり、この探究の姿勢が子どもたちの学びを拓いていく鍵になる。む
ろん、特別支援教育の取組には障害と発達についての精緻な知識と指導技術
とが不可欠である。しかし、特別支援学校だけではなく、通常学級や特別支
援学級で生活している障害のある子どもへの取り組みについて「自分は門外
漢だから」と弁解する時代は過ぎた。私たち教師と同時代を生きている生活
者として障害児を捉え、普通教育としての特別支援教育を拓く姿勢が何より
も求められている。

　以下では、溝上実践の子ども理解や授業づくりの取組から、今日の特別支

援教育に示唆される論点を指摘しつつ、特別支援教育と通常の教育をつなぐ学習集団の授業づくりの意義を考えてみたい。

⑵　子ども理解と信頼の世界

　記録に登場するN君の「問題行動」について溝上氏が注目したのは「感情のコントロール」の困難さである。その背景にあるN君の生活史（施設での生活の質）を踏まえながら、信頼できる安心の世界・生活をつくり出すことが課題だが、実践では、①落ち着く空間での対話、②N君の言葉を待つといった対応によって、N君はしだいに信頼と安心のある生活を実感していく。

　こうした指導で私たちが学ぶべき点は、第一に、感情のもつれに対して「言語化」の過程を丁寧につくり出す実践の姿勢である。知的なハンディがあるからこそ、知的な対話によって感情のもつれを対象化する指導が必要だ。第二に、記録ではソーシャルスキルの訓練と述べられてはいるが、問題行動の理由や行動時の気持ちを「問い詰める言語化」ではなく、N君の世界に参加し、同伴する姿勢での「言語化＝対話」だからこそ、N君は感情のもつれを解きほぐしていったに違いない。第三には、こうした指導を通してN君は、もつれた感情の世界にいる自己を否定するのではなく、自己を包摂する＝インクルードする世界を発見したのではないか。高垣氏が指摘するように、インクルージョンの世界は、子どもの内面にあるコミュニティを子ども自身が排除・否定せずに包摂することでもあるからだ[1]。

　このように溝上実践の指導は、子どもの生活世界に教師が参加する姿勢と対話の技を通して安心の世界を学校につくりだす生活指導の機能を果たしている。子どもが自己を包摂し、自己を信頼するとともに、働きかける教師も試行錯誤の不安な世界から指導する自己を包摂し、自己を信頼する世界を発見するという生活が学校に生み出されているからである。むろん、そこには気軽に実践の悩みを相談できる教師集団が土台になければならない。こうして溝上実践からは、信頼を基盤にしたインクルーシブな学校生活をつくり出すための示唆を得ることができる。信頼＝rapportというが、そこにはport（港）が意味しているように[2]、信頼の成立には人々が交わり合う場が不可欠であり、溝上実践の「信頼」の枠組はこうした思想に支えられている。それは単に教師と子どもとの関係に留まらず、溝上氏が強調する学級づくりや教

師相互の関係の成立・発展の土台になるものだ。

　「個別の指導計画」等の実践的枠組は、どうしても子どもの個に注目しがちになる。それに対して溝上実践が志向する学級づくりの方針は、子ども集団の教育力に期待して、学級を信頼で結ばれた基礎集団として形成しようとする。朝の会での健康観察の取組は、身辺の自立という教育的な課題だが、子どもたちが自分の身体を意識する生活、そして、仲間とともに交わりのある生活をつくり出そうとする意義を持ち、生活を管理・統制する生活の在り方に対抗する生活指導の論理に貫かれている。こうした「自分たちの生活をつくる生活の質」に注目する溝上実践は、障害児の社会的自立を考える上で重要である。

　なお念のために言えば、子どもの個（individuality）への注目とは、「分割できない」その子どもの世界を尊重するという意味である。自立の闘いの過程にある一人ひとりの「のっぴきならない、割り切れない多様な感情」に私たち教師や学級の仲間が参加していくことを見逃してはならない。溝上実践の指針のように、中学生という思春期にある障害児の自立支援にこそ、他者とともに生きる世界をつくり出したい。

　学習集団研究は、学級づくりの論理とともに、授業を通した子ども集団の形成に意を注いできた。溝上実践の作業学習は、作業のスキル形成という課題だけではなく、授業過程において子ども相互が関わる力を育てようとするものであり、特別支援学校の授業を学習集団論として位置づける意義が示唆される。とはいえ、特別支援学校における集団論の探究は低調である。自閉症の子どもだけを対象にした集団編成などが提起されてきたが、それとてきちんとした議論がなされているわけではない。そこには、当事者である「子どもとともにどんな集団をつくるのか」という共同論の探究が欠けている。溝上氏には、学級論を軸にした特別支援学校の集団論についていっそうの探究を期待したい。

⑶　特別支援学校の授業づくりをめぐって

　授業づくりの基盤はカリキュラムである。溝上氏は、知的障害児教育の教育課程をめぐって、特に「教科・領域を合わせた指導」について不安を述べている。この指導の背景にあるカリキュラム論の議論もまた低調な傾向にあ

る。定型化されたカリキュラムの枠組に縛られた取組が極めて多いからだ。生活単元学習や作業学習は特別支援教育の主要な指導論なのだが、今日の教育政策においてカリキュラムマネージメントが必要だというのなら、定型化したカリキュラムを越えるマネージメントが必要ではないか。それも具体的な授業研究を通してである。

　溝上実践の生活単元学習—季節単元の授業では、料理の内容を多数決で決定するなど、自治的側面が大切にされている。「先生にプレゼントするのだ」という生活要求に支えられてN君は調理に取組、失敗や「問題行動」を調整していく。自身を反省して言語化する姿には、N君が「自己をインクルード＝包摂」する世界を実感したことを示している。一つの授業しか紹介されてはいないが、ここでも生活単元学習の核である「生活づくり」－生活要求が聴き取られ、自治のある生活が授業づくりの論理として意識されている。

　ただ、記録にはN君の成長が示されているが、その過程で仲間とのどのような交わりが見られたのかなど、他者との関係の中での自立の視点も実践に即して示していただけたらと思う。また、「興味・関係を基にした単元計画」と指摘されているが、この計画には興味や関心が育つための生活が不可欠だ。教師集団を含めて、季節を感じる生活をどうつくり出したのか、学校とはいえ、ともに暮らしている場でどんな生活をつくり出していくのかなど、日頃は意識しない生活の質・単元（unit）を問い直していく力を子どもたち、そして教師も形成していく、そこに生活単元学習の意義があるのではないか。制度としての学校とその授業という枠組はあるものの「生活をつくる学びの場」として生活単元学習を位置づけたい。かつて提案された「大型実用造形実践」（梅根悟）[3]等、生活教育論の系譜にある生活単元学習の思想を今日の特別支援教育に改めて具体化したいと思うからである。

　作業学習としての「紙すき」の教材は、特別支援学校の授業では定番の一つである。分業と協業、そこでのコミュニケーションの力の形成・作業工程への意識化など、溝上実践では授業展開でのポイントがきちんと押さえられ、特に「きまり」の定着のための媒介の必要性が強調されている。こうした指導においては、「きまり」を子どもたちとどのように合意していったのかが問われよう。「人とのかかわりを創り出す」点を重視した溝上実践は、単にコミュニケーションのスキルアップを狙うのではなく、学びの過程での自治

的な世界へと子どもを誘う意図があったのではないか。そうだとすれば、新たな「きまり」を教師とともにつくり出す力をどう育てるかも実践課題として問いかけたい。

　むろん、一定の「きまり」が定着するには時間がかかる。しかし、繰り返し、試行錯誤しつつ子どもたちは「できない→できつつある→できた→できたことしっかり定着する→次のきまりを考えようとする」といった過程を通して、自分たちの作業の質を自分たちで評価する力を身につけていく。知的障害のある子どもだからこそ、自分から発信できる世界を学校時代に「経験」させたい。作業学習は、今日では「サービス業」等の労働に重点を置く指導も増えてきたが、「紙すき」教材を通して、伝統的な技（文化）の世界を「経験」として身につけ、さらには自分たちが製品としての労働─普遍的な価値を社会に生み出す存在であることを「経験する授業」の意義が忘れられてはならない。

　生活単元学習や作業学習は、いずれも「体験」を通した指導論だが、その過程で子どもか何を「経験」として身につけるのかという授業づくりの論理を改めて確認したい。

⑷　教師のライフコースと特別支援教育

　2007年からの特別支援教育制度の開始以降、この分野への関心は高まってきているものの依然として「通常の教育」とは違う分野だという意識は少なくない。しかし、溝上氏のように教科教育論や学習集団論の知見を基礎にして、特別支援教育を創造的に展開しようとする教師たちも多い[4]。その方たちは特別支援に関する知や技を積極的に学びつつ、障害児の教育に教材づくりや授業づくりの楽しさ・魅力を発見されたからだ。溝上氏がこの子どもたちの将来を見据えて、「授業づくり・学級づくりを通しての人とかかわる力」を強調されているように、生き方に迫る生活指導としての特別支援教育実践の意義を確かめることが「通常の教育」の改革に連動することになるのだと思う。「学校的」な教材・授業を越えた学びの世界をどうつくるのか、そこに特別支援教育が教師のライフコースに位置づくポイントがあるのではなかろうか。そこから得た経験は、「通常の教育」に活きるはずである。

　制度の不備、保護者との関係、同僚との関係など、特別支援教育は実践の

基盤がいっそう問われる世界だけに、授業実践という学校教育の基本的な場を通して、教育の在り方を批評し、交流できる生活の場として学校を改革していく知見が求められている。それはまた「通常」の学校の課題でもある。溝上氏の教師としてのライフコースに特別支援学校での生活がどう位置づくのか、改めてじっくりと議論したいと思わせる記録である。

註

1）高垣忠一郎「登校拒否の子どもの世界からみえる『包摂と排除』の問題」日本臨床教育学会編『臨床教育学研究』第6巻、2018年、9-10頁。

2）田中優子・松岡正剛『日本問答』岩波書店、2017年、64-65頁。

3）清水貞夫「『大型実用造形』の提案」渡邉健治・湯浅恭正・清水貞夫編『キーワードブック・特別支援教育の授業づくり』クリエイツかもがわ、2012年、174頁。

4）例えば、高井和美「こどもが『わかる』を大切にした授業づくり」浜本純逸監修、難波博孝・原田大介編『特別支援教育と国語教育をつなぐ　ことばの授業づくりハンドブック』渓水社、2014年、を参照されたい。

（湯浅　恭正）

第3部

学習集団研究の最前線

第1章

ジェンダー／セクシュアリティ研究と学習集団

　ある大学院生が研究室を訪れ語ったことがある。2013年のことである。
「中学校時代の記憶がない。」

　誕生時に指定された性別に違和があるトランスボーイ[1] であるというその学生は、小学校時代に性教育の時間などにつらい思いをしたが、中学校時代は比べ物にならないほどしんどかったと言う。その経験から、10代の性的マイノリティの子どもが集い交流できるしゃべり場づくりに取り組んでいた。日本の社会や学校は「性別二論」と「異性愛」を前提とする仕組みで成り立っており、また発達理論においてアイデンティティの中核は性別により形づくられ一貫している（はず）と語られてきた。こうした学校において「性別違和」を感じながら生き延びる困難は、想像に難くない。

　近年、いくつかの調査[2] により「標準」あるいは「普通」として定型的に語られる性のあり方に違和をもつ子どもたちの「生きがたさ」がより明確に可視化されるようになった。第二次性徴により身体に変化が生じ、「（異性への）恋愛」が日常会話のテーマになる思春期に、性的マイノリティの子どもたちは「記憶がなくなる」ほど「生きがたい」学校生活を強いられることがある。そのため、自殺念慮を経験する割合は半数を超える。

　果たして学習集団は、「みんなで分かり合う」ことを目指すとき、子どもたちの多様性、とりわけ「性の多様性」をどれほど踏まえてきただろうか。現在推し進められている教育改革は、この現実にどのように対応し、性の多様性をどのように扱うことを求めているのだろうか。性の多様性を教科内容として位置づけるとして、教育改革で推奨される「協働性」や「主体的・対話的で深い学び」（アクティブ・ラーニング）の視点は、性について自分の疑問や生きがたさを他者に呼びかけ、他者の呼びかけに応答するような、異質な他者との共生に繋がるのだろうか。加えて、インクルーシブ教育の構想や合理的配慮は何をもたらすのであろうか。

1　性的マイノリティの子どもたちの「生きがたさ」とそれへの対応

⑴　性的マイノリティの子どもたちの実態

　ジェンダークリニック（性別違和やそれに由来する悩みなどに対する治療を目的とするクリニック）に通う性別違和のある人を対象とした調査[3] によると、トランスガール／トランスボーイの約7割が就学前（56.6％）から小学校低学年（13.5％）の時期に性別違和を自覚している。そして、周囲にからかわれたりいじめられたり、あるいは教師や保護者から注意されたりといった、自己を否定される経験をしているために、性別違和を周囲には絶対に伝えないと決めて封印してきた者が多いことが判明した。2007年の調査では、周囲に対して性別違和を「絶対に伝えないと思った」（75.0％）、「迷って伝えなかった」（12.5％）と回答した人たちが87.5％を占め、2014年の調査では「絶対に伝えないと思った」割合は減少するものの、自分のことを伝えることができていない割合はほぼ横ばいで、多くの子どもたちが自分のことを封印しながら生活している状況が続いていることが分かる。

　さらに同調査で、自殺念慮の経験は半数を超え（58.6％）、自傷・自殺未遂（28.4％）や精神科合併症（16.5％）など深刻な事態に陥るケースもあることが指摘されている。一方で、おとなになって、自分の悩みや不安を封印していたことを後悔している者が約6割を占めている。

　LGBT（レズビアン、ゲイ、バイセクシュアル、トランスジェンダー）を対象にした調査でも，同じ状況が指摘されている[4]。子どもたちは、第二次性徴期である小学校高学年には自身の性的指向に気づき始めるが、いじめや暴力の被害の経験者は7割にのぼる。身体的暴力(20％)や言葉による暴力(53％)、性的な暴力（服を脱がされる・はずかしいことを強制）（11％）、無視・仲間はずれ（49％）などの被害に晒されており、特に性別違和を抱える生物学的男子に対するいじめは長期化しやく、身体的な暴力（48％）、性的な暴力（23％）などの深刻な被害を受け易いことが指摘されている。LGBTについて学校の友人や同級生が不快な冗談を言ったり、だれかをからかったりしたのを見聞きしたことがあるかという問いに、当事者の84％が何らかの形でこれらを見聞きししたことがあると回答している。

　これらのことからわかることは、子どもたちは性自認や性的指向を自覚する時期に、すでに強制異性愛主義の性の規範に気づいており、「オカマ」「ホモ」などと揶揄し、典型的な「女」や「男」との異質性を感じ取ると、「普通でないもの」／「異常」として排除・否定しようとしていることである。そして自分のなかの「普通でないもの」を否定・排除し、「真の男」とみなされるために暴力的な「男性性」を演じたり、同性愛嫌悪と恐怖を取り込んだりしていく。そのようななかで、性的マイノリティの子どもたちは、アイデンティティを否認され、誰にも知られてはならないと自己を封印する。同性愛嫌悪のように、あるいは自己を否定するように、自ら「普通でないもの」の否定や排除へと向かうところに、子どもたちの生きづらさがある。

　子どもたちが気づき、自分たちでつくりだしている性の規範とは何なのか。

　学校教育については、平等主義を標榜しながらセクシズム（性差別主義）を内在させていることが問われてきた。90年代にセクシュアリティの規範が男女の権力関係と結びついていることが明らかにされるようになり，そうした性の規範が問題にされるようになる。

　セクシュアリティによる／対する抑圧構造がどのように構築されているのかに目を向けると、男性中心主義は，強制異性愛主義により、つまり「女性」を性的対象とすること—ホモフォビア（同性愛嫌悪）−により、男同士の絆・連帯が強化されることで構築されていくことが明らかになったのである[5]。

　先の実態調査で、生物学的男子の方が、「普通でないもの」としていじめにあう経験が多いのはそのためである。今日では、こうした性の抑圧構造を問うために、セクシズム、ヘテロセクシズム（同性愛差別）の問題は、ヘテロノーマティヴな規範の問題として問われるようになっている。「ヘテロノーマティヴィティ」とは、多様な性のあり方の中から性的指向だけを取り出し、同性愛／異性愛の二元論により両者を分離し、異性愛という規範を生成するために、同性愛を構成的外部として位置づける二元論的権力に基づく規範形成力のことである[6]。

　近年、このような二元的権力による規範形成に対抗する概念として「クィア」が提起されている。クィアとは、「自己と他者のあいだに、また自己の内部にも無数に存在する差異に目を向けること、そしてそうした差異にセンシティブになり、一貫性や正常性から自ら脱していくことを重視する」概念

である[7]。

⑵　ジェンダー／セクシュアリティをめぐる学校・教室空間

　上記の視点で、学校という場をみると、今日では学校の教育方針や教師・保護者の考えにより異なる対応がみられるようになったが、名簿や整列・座席順、トイレや更衣室などの施設、制服や髪型などの校則、配布される物品の色などに、男女を差異化する記号が埋め込まれてきたことがわかる。教師と子どもや子ども同士の関わりにおいても、係活動の役割などに性別が埋め込まれてきた。さらに、公的カリキュラムにおいて、性別二元論と異性愛主義が記述され、性的マイノリティは「存在しないもの」とされてきた。

　近代学校は、さまざまな人々を（男女の差異と異性愛主義を前提とした）「同一性」で結び合わせ、「国民」へと同化させることを目的の一つとしてきた「国民」の再生産装置として存在してきたからである[8]。その過程で「教師」「子ども」「女」「男」として従属化／主体化することが求められてきた。

　しかし、そのなかで、子どもたちや教師たちは、日常的にどのように振る舞うか、どのような言葉遣いで話すか、どの色を選ぶかなど、ただ性の規範に縛られ従っている存在ではなく、パフォーマティブに従ったり、抵抗したりしている。ジュディス・バトラーは、この遂行性（パフォーマティビティ）[9]に、既存の同一性に回収されない多様な主体の契機を見いだしたが、性的マイノリティの子どもたちの可視化によりあらためて問われているのは異質な他者の排除をうみださないような、他者へと開かれた遂行性である。

　性的マイノリティの子どもたちの可視化は、学校を「異質な他者」との共生を可能にする場へと転換することを求めている。ここに、学習集団研究の課題がある。

2　「性の多様性」を巡る文部科学省の対応と課題

　イギリスなどでは1990年代後半より、「性の多様性」が前提とされていない環境において、ゲイやレズビアンの子どもたちが学校や教室で経験してきた「生きがたさ」の記録が出版されるようになった[10]。対して日本においては、近年ようやく当事者の実態が明らかにされ始めたところであり、文部科

学省が子どもたちの性別違和や性的指向について取り組み始めたのは2010年代に入ってのことである。

　文部科学省は2010年に、「性同一性障害」のある子どもたちへの配慮や支援を求める事務連絡[11]を発出し、2015年には「性同一性障害」に限らない「性的マイノリティ」の子どもたちへの配慮や支援を求めるとともに、こうした課題に対する人権教育の推進を求める通知[12]を出した。通知への質問に答える形で、2016年に性の多様性を人権課題として位置づけ、きめ細かな対応の実施を推進することなどへの教職員の理解促進を目的とする周知資料を作成し公表した[13]。

　また、2013年策定、2017年最終改定の「いじめの防止等のための基本的な方針」においては、「性同一性障害や性的指向・性自認に係る児童生徒に対するいじめを防止するため、性同一性障害や性的指向・性自認について、教職員への正しい理解の促進や、学校として必要な対応について周知する」[14]ことが明記された。性の多様性を前提とした子ども理解及び支援を行っていく必要性が文部科学省においても認識されるようになる背景には、厚生労働省の「自殺総合対策大綱〜誰も自殺に追い込まれることのない社会の実現を目指して〜」（2007年策定、2012年及び2017年改定）の中で、自殺念慮の割合等が高いことが指摘されている性的マイノリティについて、「無理解や偏見等の社会的要因」[15]によるとの指摘がある。社会全体の自殺リスクを低下させる取り組みとして「性的マイノリティへの支援の充実」が掲げられ、「教職員の理解を促進するとともに、学校における適切な教育相談の実施等」が求められた点[16]は重要である。先述したように、調査では、性別違和のある子どもたちの自殺念慮とともに精神科合併症、自傷・自殺未遂の経験の多さが明らかにされている。

　文部科学省の一連の対応は、当初は「性同一性障害」のみとしていた（個別）支援の対象を、一応「性同一性障害や性的指向・性自認に係る児童生徒」に広げており、性同一性障害の対応事例以外には触れられていないものの、今後、性的マイノリティとされてきたすべての子どもへの支援が推進される可能性が生まれたといえる。他方で、次のような課題も残されている。第一に、性的マイノリティへの支援についての意識が未だ学校・教師に浸透していない点が挙げられる[17]。第二に、性の多様性がカリキュラムに盛り込まれ

ておらず、公的には性的マイノリティの存在はなきものとされたままである点である[18]。第三に、対応が個別支援に留まる傾向が見受けられる点である。

3　個別支援からヘテロノーマティヴな規範の見直しへ

　文部科学省の2015年通知には、「服装」「髪型」「更衣室」「トイレ」「呼称の工夫」「授業（体育や保健体育）の別メニュー設定」「水泳」「運動部の部活」「修学旅行」などについての対応例が示され、検討が促されている。これらの対応は、性的マイノリティの子どもが学校でとりあえず生活するための喫緊の課題であり、何より各学校が対応策を考えることは、無視され、存在しないものとされてきた子どもにとって重要な意味をもつ。学校に対して「生きがたい」と声をあげれば、「標準」を前提とする制度や慣習が検討されるという「合理的配慮」（2016年４月施行「障害者差別解消法」）の実現は、今の学校で生きていく上で不可欠である。例えば、トイレについて、とりあえず、「職員トイレ・多目的トイレ等の利用を認める」ことは、短期的には後述するように「同じように対応することが差別」ととらえる「合理的配慮」として重要である。しかし、男女で形式が異なる標準トイレのあり方自体が問われ、長期的には例えばスウェーデンのように個室の学校トイレを検討するなどの取り組みがなければ、「標準」をそのままに、性的マイノリティの子どもを可視化し、「例外」として再配置することになりかねない[19]。そして、ヘテロノーマティヴな性規範は温存されていく。

　つまり、個別支援に留まるところに課題がある。近代に性はプライベートな事柄とされており、また排除された経験もあり、子どもの相談については秘匿性の高い事柄としてアウティング（暴露行為）に細心の注意を払った上で下記に取り組む必要がある。トイレをはじめとする必要な事について、教師集団は、出来れば子どもたちと一緒に検討し、それを通して教師も子どもも差異にセンシティブになり、ヘテロノーマティヴな規範の生成から脱し、学校を多様性を尊重する安全・安心に過ごせる場に変えていくことである。

　なお、「合理的配慮」については、以下の点にこだわっておきたい。

　2006年に国連で採択された「障害者の権利に関する条約」の最も重要な概念であるreasonable accommodationが「合理的配慮」と訳された事に対して、

池田賢市は以下の指摘を行っている[20]。条約の第24条には、「締約国は、（中略：引用者）障害者を包容するあらゆる段階の教育制度及び生涯学習を確保する。」（原文＝States Parties shall ensure an inclusive education system at all levels and lifelong learning）が規定されている。フランスでは批准に向けて、24条実現のために2005年に法律が制定され、和文では「包容する」と訳されたinclusiveについてフランス語で「学校教育への組み込みに必要なものを提供する」教育制度と説明されており、「合理的配慮」の提供が義務であり、その否定は差別ということになる。さらに障害者の権利に関する条約は、子どもの権利に関する条約が「意見表明権」を規定するのと同様に、第7条で「障害のある児童が、自己に影響を及ぼす全ての事項について自由に自己の意見を表明する権利並びにこの権利を実現するための障害及び年齢に適した支援を提供される権利を有する」ことを規定しており、当事者の意見を踏まえない教育施策はあり得ないとする根拠とされている。accommodationの本来の語義は、「調節・調整」あるいは「変更」である。日本では「配慮」という気づかい、保護、世話、思いやりといった「対等」な関係を前提としない、いわば「上から目線」の対応をイメージさせる訳語が充てられているが、フランス語でも調整を意味するaménagementsが使用されているという。従って、「合理的配慮」は、対等な関係における「話し合い」による調整と捉えられるべきである。

　また、抑圧すなわち「アイデンティティの否認」の形態には、「迫害」「差別」「寛容」の3つがあり、前者二つが問題化されやすいのに対して、「寛容」は一見すると差別にカテゴリー化されないような否認・抑圧の形態である[21]。「思いやり」や「かわいそう」といった「寛容」は、差異に価値を十分に与えることなく差異と表向きの共生を可能にするような差別の一形態であり、受容ではなく、言われた方のプライドを深く傷つけるということを指摘しておきたい。

4　カリキュラムと学びの問題

⑴　カリキュラムの問題と学びの課題

　まず、最初に確認しておきたいことは、公的カリキュラムのなかに、ヘテ

ロノーマティヴな性規範をつくりだす、性別二元論や異性愛中心主義に基づく知識や価値観が配置されているということである。

　今期の学習指導要領においては、パブリックコメントで「性的マイノリティに関する理解を深め、差別・偏見を克服すること」[22] が要請されるなど、さまざまな立場から性の多様性についての学習をカリキュラムへ導入することが求められた。しかし「保護者や国民の理解、教員の適切な指導の確保、個々の生徒の発達の段階に応じた指導などを考慮」した結果[23]、今回の改訂では盛り込まないと回答されたのである。その結果、保健体育をはじめ特別の教科道徳や特別活動などの多くの教育内容に、性別二元制と異性愛中心主義に基づいた記述が残ることとなり、小学校保健体育では「思春期になると……異性への関心が芽生える」という記述が残された。インターセックスの子どもはまず幼児期に自分の身体に「恥ずかしいもの」として出会わされ、思春期にそれを再認識させられることが当事者から指摘されている[24]。にもかかわらず、2018年検定済教科書（保健体育3・4年生用）には、「男子と女子で異なる二次性徴の身体的特徴」と「異性への関心が芽生える」ことだけが記述され、性別違和を感じたり、必ずしも異性に関心が向かわなかったりする子どもが存在することを前提にした記述をしている教科書は5社中1社のみである[25]。

　これは、EU諸国の対応とは大きく異なる。スウェーデンでは、すでに2004年に学校教育における新差別禁止法に関する国会の議論で「家族」を扱う際に「同性愛のカップル」を扱わないのは差別であるとされ，ヘテロノーマティヴな規範にねざす迫害・差別に対してさまざまに取り組まれてきた[26]。

　二つ目に、ヘテロノーマティヴな規範は、家族のあり方と深く関わっている。今期学習指導要領では「多様性」が強調される一方で、教育基本法の改正により伝統文化の尊重が掲げられ、また家庭教育に関わる条項が新設されており、「正しい家庭教育」を通してヘテロノーマティヴな性規範・家族規範が強化されることが懸念される[27]。

　三つ目に、今期学習指導要領では「協働性」が重視されているが、授業のスタンダード化が推進されており、また教科内容研究の軽視と授業展開の画一化も進んでいるため、差異にセンシティブに向き合うことが難しくなる。

スタンダード以外を認めない「標準」の基準化による従属化／主体化は、「標準でないもの」「普通でないもの」の否定・排除をつくりだしやすいのである。

　以上のことから、第一に、公的知識体系を批判的に子どもたちと問う学びが必要になる。保健体育の教科書を子どもたちと一緒に問いながら読み、第二次性徴を学ぶときはもう一つの現実を提示しながら考える。道徳、家庭科、社会、特別活動、国語をはじめあらゆる教科や教育活動を問う必要がある。例えば音楽においても「声」や楽曲の解釈において性別二元論や異性愛主義により説明してしまうことがあるからである。第二に、その際、批判的に問うことと、そのためのしくみを必要とする。第三に、とりたてて時間をとって学ぶ必要がある。

⑵　学びに求められるもの

　では、どのように学ぶことが必要なのだろうか。

　多様な性を生きる子どもたちの可視化により、教師や関係者による教科内容・教材研究や、カリキュラムの自主編成が進められてきた[28]。学校現場では、2000年前後からLGBTをはじめとする性的マイノリティについて知る学習が取り組まれるようになった。そのなかで改めて確認されたことは、自分のまなざしを問うことなく、「普通でないもの」のまま理解されてしまうことの危うさである。

　「普通なもの」が「普通でないもの」に示す「寛容さ」や、「普通なもの」が「普通でないもの」を自らの側に「取り込む」学習について、クィア・ペダゴジーの研究者であるデボラ・ブリッツマンは情報を用意し、それにより態度（例えば同性愛嫌悪やトランス嫌悪など）を変化させるという教育の考え方の問題を指摘する[29]。

　「かわいそう」と共感し、同一化するのではなく、異質な他者の呼びかけに応答する過程をどのようにつくりだしていくのかが問われる。バトラーは、「自分自身を決して完全には説明出来ない主体とはおそらく、存在の語りえないレヴェルにおいて、倫理的意味を伴うかたちで他者へと関係づけられている」[30]との見方に立ち、異質性を前提にした応答的で共闘的な関係をつくる可能性を示唆している。

⑶　多様な性の現実を子どもたちと探求するまなざし

近代に「正しい性のあり方」が構築されるにつれ、本質主義に基づく男女二元論と異性愛を前提とする性のあり方が「普通」とされ、そうでない性のあり方は排除され、存在しないものとされてきた。しかし、構成主義の視点で現実をとらえ直すと、人は、生物学的／解剖学的に「女」と「男」のどちらかであり（セックス）、その性別に即して自分のことを女／男であると認識しており（性自認）、そして性の規範に基づき女らしく／男らしく振る舞い（ジェンダー）、異性を好きになる（異性愛）……はずである、それが「正しい性のあり方」とされ、「普通なるもの」を形成してきたことがわかる。上記は、フィクションにすぎず、現実にはそれらが一貫してない場合もあれば、またそれぞれの項目で差異があり、実は多様に生きられていることがみえてくる。

異質な他者から呼びかけられ、私の「普通なるもの」を問うなかで、そのような見方と出会い、自分はどうなのかと問うことができるのではないか。その際、性について上記の４つの柱を取り上げて語ること、そして、４つの柱で人間の性を規定して語る意味自体を問う実践の枠組みが求められる。

「多様な性のあり方」について学ぶことは重要であるが、性的マイノリティについて知る学習や、正しく性の多様性を理解する学習が、ブリッツマンの指摘する問題から脱する道は、異質な他者からの呼びかけに応じ、探求の当事者になり、批評の作法を手がかりに、生活現実を批判的に読みとき、そのなかで私の「普通なるもの」を問い続けることではないだろうか。自分が「女」であるのか、「男」であるのか、そうでないのか、何を持ってそう考えるのか、説明することは難しい[31]。自分自身の中に存在する差異、社会から押しつけられるものあるいは他者と自分のあいだにある差異に目を向け、そこに、どのような力が働いているのか、なぜどのようにそれがつくられてきたのか、子どもたちと明らかにする必要がある。また、語られていることと、語られていないことはなにかと、子どもたちと問うてみることが必要になる。久田敏彦は、学習集団研究の課題として、当事者研究という視点から、その必要性を指摘している[32]。

5　性の多様性を前提とした社会や文化の構築に向けた学習集団の課題

　多様な性を生きる子どもたちの現状は、生きることと学ぶことがつながる学習権の実現をあらためて迫っている。ジェンダー／セクシュアリティ研究においては、性の抑圧構造から「普通でないもの」がどのように構築されていくのかを問うことにより、学校を異質な他者との共生を可能にする場へと転換する道が模索されている。その際、「教える―学ぶ」と「普通―普通でないもの」の関係により、「普通でないもの」の否定・排除から脱するはずの学習が同一性に回収され「普通でないもの」の再配置へと向かってしまう問題が指摘されている。学習集団研究が問い、また問われている課題もそこにあるのではないだろうか。

　「子どもの生きる＝学習する」権利への要求を育てるという思想を基盤に、学習主体の形成に向けて授業づくりに取り組んできた学習集団研究は、子どもの権利を保障するために、子どもたちの間にある差異や複数性に着目してきた。子ども相互の違いから出発し、学びのプロセスにおいて子どもたちの対立・分化をとらえることが提起されてきた。しかし、久田は、発問による対立・分化と問答・討論の指導によるその統一は、実は教師の用意した科学知へと同化させる傾向が強く存在したとして、「組織的であれ、関係論的であれ、身体論的であれ、いずれも最終的には同一性に収斂される方向」にあったこと、また「身体的な相互応答が、子どもの表情＝身体をみる教師の独我の世界に回収されかねない」という課題を有していたことを指摘し、以下を提起している[33]。子どもの「参加」と、教師と子ども、そして子ども相互の「共同」とにより、授業という公共空間を「批判的な知性」の形成に向けてつくりだすこと、その際に子どもを授業づくりの当事者としてとらえ「共同知」の創出に向かうことである。共同知とは、自分の経験に埋没するのではなく、かといって用意された科学知に回収されることもなく、差異ある当事者たちが、共々に科学知と自己の生活世界を問い直す学びを求めるものである。

　多様な性を生きる子どもたちを取り巻く現状は、性別二元論と異性愛主義

によるヘテロノーマティヴな規範が埋め込まれている生活世界と学校知・科学知・文化・社会制度を批判的に問うこと、それを実現可能にする授業のしくみを必要としている。では、差異ある当事者たちが、共々に近代の科学知と自己の生活世界を同時に問い直すことはどのように可能になるのだろうか。子安潤は、科学や文化を未完で生成過程にあるものとみなし、子どもたちと事実を批判的・生成的に確かめる授業をつくる方向に切り替えていくことを提案している[34]。その際、重要なことは、事実の確認の過程を位置づけることと、子どもの今の見方・認識から出発しつつ、科学・文化の成果ではなく、作法を体験することの両者を実践構想に入れること、さらに「生活現実から課題を立ち上げること」と「知の世界の探求」を往還的に実践することを提起している点である。本稿で検討してきた性の世界は、知や文化に「異常」として他者を排除する抑圧構造が組み込まれてきており、知は一枚岩ではない。それゆえ、未完で生成過程にあるものととらえ、言説を事実と照らし合わせ、自らのアイデンティティを揺るがせながら読み、家族や性の見方をずらしたり、どのように知がつくられているかを検討したりすることがとりわけ必要になる。性の多様性についての学習は、子どもと教師が、①多様な性を生きる人々の現実から課題を立ち上げること、他方で②本質主義の性規範を脱する作法を用いて性の多様性を探求してみること、その過程で③異質性を前提とした共闘的で応答的な関係をつくること、④生活世界や知を批判的に読み替えていくこと、そして⑤私の「普通なるもの」を問い続けることを必要としているといえよう[35]。この構想が「普通でないもの」への「寛容」を越えていけるのかについては、実践的に検討していく必要がある。

　性的マイノティの子どもたちへの対応は、特別な配慮と考えられがちである。そうではなく、日々の授業や活動を通して、子どもたちが当事者として生活世界と科学知・文化を批判的に検討していくことにより、差異にセンシティブに向き合う学習集団や教室をつくりだしていくことが必要なのである。そこに、安心・安全で創造的に生きられるもう一つの世界が生まれる。そして、それこそが、内容の伴わないアクティブ・ラーニングや与えられた教材の範囲内で思考力や抽象的スキルとの対応を考慮して終わるコンピテンシー・ベースの教育論の限界を越えていくことでもある。

註

1）これまで「性同一性障害」という呼称とともに、制度的・生物学的に男性と見なされているが女性を自認している人をMTF（Male to Female）、女性と見なされているが男性を自認している人をFTM（Female to Male）と呼んできた。しかしアメリカ精神医学会が2013年に出した『精神障害の診断と統計マニュアル』（Diagnostic and Statistical Manual of Mental Disorders, DSM）第5版において、診断名を「性同一性障害（Gender Identity Disorder）」から「性別違和（Gender Dysphoria）」に変更したことや、WHOが2018年に発表した『国際疾病分類』（International Classification of Diseases, ICD）第11版において、「性同一性障害（Gender Identity Disorder）」から「性別不合（Gender Incongruence）」へと名称を改めたことなどに伴い、トランスウーマン／トランスマンが使われるようになっている。また生物学的な性別（sex）だけではなく「指定された性別（assigned gender）」という言葉を使用することで、性分化疾患（インターセックス）の人々にも診断名を適用できるようになった。この経緯は、出生時にあてがわれた性と自認する性の不一致に伴う苦悩に焦点が当てられるとともに、性別違和を疾患ではなく個性として捉えようとする社会の潮流を反映したものである。さらに、病気（とくに精神疾患）扱いからの脱病理化を主張し、トランスジェンダーと表現する運動の影響も受けている。このような背景を踏まえ、本稿でも「性同一性障害」ではなく「性別違和」、そしてトランスガール／トランスボーイと記すこととする（遠藤まめた（2016）『先生と親のためのLGBTガイド　もしあなたがカミングアウトされたなら』合同出版、28頁参照）。

2）中塚幹也（2017）『封じ込められた子ども、その心を聴く　性同一性障害の生徒に向き合う』ふくろう出版、参照。

3）中塚（2017）、前掲書、参照。

4）遠藤（2016）、前掲書、およびホワイト・リボンキャンペーン（2014）「LGBTの学校生活に関する実態調査（2013）結果報告書」（https://uploads.strikinglycdn.com/files/e77091f1-b6a7-40d7-a6f2-c2b86e35b009/LGBT%E5%AD%A6%E6%A0%A1%E7%94%9F%E6%B4%BB%E8%AA%BF%E6%9F%BB.pdf（2020/5/27最終確認））、原純編（2017）『性別に違和感がある子どもたち　トランス／ジェンダー・SOGI・性の多様性』合同出版、参照。

5）イブ・K・セジウィック著、上原早苗・亀澤美由紀訳（2001）『男同士の絆－イギリス文学とホモソーシャルな欲望』（原著1985年）名古屋大学出版会、参照。

6）河口和也（2003）『クイア・スタデイーズ』岩波書店、および森山至貴（2017）『LGBTを読み解く―クィア・スタディーズ入門』ちくま新書、参照。

7）河口（2003）、前掲書、65頁参照。

8）山田綾（2004）「学校におけるジェンダー／セクシュアリティの政治」子安潤・山田綾・山本敏郎編著『学校と教室のポリティクス　新民主主義教育論』フォーラム・A、89-115頁参照。

9）ジュディス・バトラー著、竹村和子訳（1999）『ジェンダー・トラブル―フェミニズムとアイデンティティの撹乱』（原著1990年）青土社、参照。

10) 例えば、以下がある。Debbie Epstein and Richard Johnson(1998), *Schooling Sexualities*, Open University Press.

11) 文部科学省(2010)「児童生徒が抱える問題に対しての教育相談の徹底について（通知）」（https://www.mext.go.jp/a_menu/shotou/jinken/sankosiryo/1348938.htm、2020/02/24最終確認）。

12) 文部科学省（2015）「性同一性障害に係る児童生徒に対するきめ細かな対応の実施等について」（https://www.mext.go.jp/b_menu/houdou/27/04/1357468.htm、2020/02/24最終確認）。

13) 文部科学省（2016）「性同一性障害や性的指向・性自認に係る、児童生徒に対するきめ細かな対応等の実施について（教職員向け）」（https://www.mext.go.jp/b_menu/houdou/28/04/__icsFiles/afieldfile/2016/04/01/1369211_01.pdf、2020/02/24最終確認）。

14) 文部科学省（2017a）「いじめの防止等のための基本的な方針」（https://www.mext.go.jp/a_menu/shotou/seitoshidou/__icsFiles/afieldfile/2018/01/04/1400142_001.pdf、2020/02/24最終確認）、および同上、別添２「学校における「いじめの防止」「早期発見」「いじめに対する措置」のポイント」、３頁参照。

15) 厚生労働省（2017）「自殺総合対策大綱～誰も自殺に追い込まれることのない社会の実現を目指して～」（https://www.mhlw.go.jp/file/06-Seisakujouhou-12200000-Shakaiengokyokushougaihokenfukushibu/ 0000172329.pdf、2020/02/24最終確認）、15頁参照。2012年の改定において、性的マイノリティへの対応が記された。

16) 同上、27頁参照。

17) 例えば、文部科学省の2010年事務連絡では、「性同一性障害」の係る児童生徒への配慮や支援が求められているが、性別違和のある子どもと関わった経験のない教員の41.9％、経験のある教員であっても28.2％が、この通知内容を知らなかったという（中塚2017、前掲、参照）。近年、地方自治体の教育委員会でも各学校の管理職や人権担当教員などへの研修会が開催されているほか、各学校で行われている教職員研修などをとおして、この課題の周知徹底が図られつつあり、今後も教育現場への意識の浸透が期待される。

18) 学習指導要領には依然として、思春期になると「異性への関心が芽生える」（文部科学省（2018a）『小学校学習指導要領（平成29年告示)』東洋館出版社、148頁）という記述が残り、また、「特別な配慮を必要とする児童」として挙げられたのは「障害のある児童など」、「海外から帰国した児童など」、「不登校児童」のみで（同上、24-25頁参照）、性的マイノリティは対象とはならなかった。

19) こうした性的マイノリティを「例外」とする抑圧性をめぐっては、近年、マイノリティとされてきた者たちがトランスジェンダーやホモセクシュアルと呼ばれてきたことと同様に、マジョリティあるいは「標準」とされてきた者たちをシスジェンダーやヘテロセクシュアルと呼ぶことで、「性」の在り方が如何であっても対等な関係を築こうとする動きが見られる。これと連動して性の多様性を象徴する用語は、「LGBT」から「LGBTA」「LGBTI」「LGBTX」「LGBTQ」「LGBT+」etc. へ、そして「SOGI」（＝

Sexual Orientation and Gender Identity：性的指向と性自認）へと、移り変わりつつある。本章で「性の多様性」という言葉を「性的マイノリティ」ないしは「LGBT」だけの問題ではない、というニュアンスで用いるのはそのためである。

20) 池田賢市（2018）「インクルージョンという教育理念のあり方」フランス教育学会編『現代フランスの教育改革』明石書店、290-304頁、参照。

21) 河口（2003）、前掲書、25頁参照。

22) 文部科学省（2018b）「高等学校学習指導要領等に対する意見公募手続き（パブリックコメント）に寄せられた御意見等について」（https://search.e-gov.go.jp/servlet/PcmFileDownload?seqNo=0000 172648、2020/02/29最終確認）、4頁参照。

23) 文部科学省（2017b）「学校教育法施行規則の一部を改正する省令案並びに幼稚園教育要領案,小学校学習指導要領案及び中学校学習指導要領案に対する意見公募手続き（パブリックコメント）に寄せられた御意見等について」（https://search.e-gov.go.jp/servlet/PcmFileDownload?seqNo=0000 157166、2020/02/29最終確認）、10頁。

24) 橋本秀雄（2004）『男でも女でもない性・完全版—インターセックス（半陰陽）を生きる』青弓社、25-27頁参照。

25) 性的マイノリティに対応する記述がみられたのは、光文書院（2019）『小学ほけん3・4年』（2018検定）である。「みなさんのなかには、自分の『体の性と心の性が違う気がする』と感じる人や、『異性に関心がもてない』と感じる人がいるかもしれません」（33頁）と記され、相談できるホットラインが明示してある。

26) 山田綾（2005）「スウェーデンの学校における性的指向性を理由とした差別と偏見に対する取り組み　EUのコミュニティ主導プログラム"EQUAL"のプロジェクト"Under Ytan"（水面下）を中心に」『愛知教育大学家政教育学講座研究紀要』第37号、63-77頁参照。

27) 例えば、木村涼子（2018）「『改正』基本法と家庭教育支援法案の密接な関係—法律が成立すれば、学校と家庭への管理統制が強まる」『女も男も　家族のゆくえ』No131、4-9頁、および山田綾（2018）「家族・家庭生活をどのように学ぶか−子どもたちの生活現実から始める学び」『女も男も　家族のゆくえ』No131、26-31頁参照。

28) 例えば、倉敷市教育委員会は、渡辺大輔氏とともに、性の多様性を前提とした画期的取り組みをしている（倉敷市教育委員会（2018）「人権教育実践資料3　性の多様性を認め合う児童生徒の育成Ⅱ」（http://www.moj.go.jp/content/001275419.pdf、2020/01/08最終確認）、参照）。

29) Britzman, Deborah.P. (2000=1995)"Is there Queer Pedagogy? Or, Stop Reading Straiht" In: Stephen J.Ball (ed.): *Sociology of Education:Major Themes. Vol.1. Theories and Methods.* New York: Routledge, pp.105-111.

30) ジュディス・バトラー著、佐藤嘉幸・清水和子訳（2008）『自分自身を説明すること—倫理的暴力の批判』（原著2005年）月曜社、247頁参照。

31) 同上書、参照。

32) 久田敏彦（2014）「学習集団論からみた『学びの共同体』論の課題」日本教育方法学会編『教育方法43 授業研究と校内研修』図書文化、71-75頁。

33) 同上、参照。

34) 子安潤（2016）「子どもの未来をひらく授業づくり」子安潤・坂田和子編『学びに取り組む教師』高文研、32-35頁参照。

35) この枠組みを実際に展開している実践としては例えば下記がある。原田真知子（2016）「『いろんな人がいる』が当たり前の教室に」子安潤・坂田和子編『学びに取り組む教師』高文研、40-63頁参照。

（山田　綾）

第2章

経験主義の社会科における個と集団の問題

1　問題の所在

　本稿は経験主義の社会科における個と集団の問題を検討するものである。

　まず、経験主義の社会科とは何か、1947（昭和22）年版の小学校学習指導要領社会科編（試案）と1951（昭和26）年版の小学校学習指導要領社会科編（試案）を試論的に比較することを通して検討する。その上で昭和26年版の小学校学習指導要領社会科編（試案）作成を主導した上田薫の論を主な手がかりとして、経験主義の社会科の目的レベルでの個と集団、方法レベルでの個と集団の問題を原理的に考えてみたい。

　さて、従来から社会科という教科は暗記教科だと言われることが多い。筆者も大学の教職課程における社会科に関する授業で、学生たちに「あなたたちにとって社会科という教科はどのような教科でしたか」と尋ねてみることがある。対象は教員免許状取得を目指す学生たちであるが、社会のことを理解する上で重要なものであるという意見や、歴史は好きだが地理は嫌い、逆に地理は好きだが歴史は嫌い、テストで点数が取れるので好きな教科だった、逆に点数が取れないので嫌いな教科だった、等々いろいろな意見が出される。そのなかで圧倒的に多いのは、社会科は暗記教科であるという意見で、社会科という教科が好きか嫌いかも、暗記が得意だったか、苦手だったかで決まってくるようである。

　実際に多くの学生は、そして筆者自身もまた同様に、社会科を教科書や資料集や年表などに書かれていることを覚えなくてはならないもの、暗記しなければならないものとして指導されてきた。したがって、筆者は学生の多くが、しかも教職を志望する学生でさえ社会科を暗記教科として認識していることは致し方ないことであるとは思う。

　しかし、暗記できるかどうかは他に関わりのない、言わば自分だけの問題、単独の個の問題である。社会科を暗記教科と考えるのであれば、その社会科を学ぶ場合、学習者にとっては基本的には他の個（他者）がいない（他者がいらない）、言い換えれば集団もない（集団もいらない）ことになる。もちろんテストで点数が取れるか取れないかという問題は比較の問題であるから、そこではある種の集団が想定されるが、その集団は自己の成績の相対的位置を知るための集団でしかない。学習者一人ひとりに影響を与える集団ではない。

　社会科は次節で改めて論じるように、第二次世界大戦後新設された教科である。戦後初期の社会科は経験主義の社会科と呼ばれていた。学習指導要領が1958（昭和33）年に改訂され、経験主義の社会科は否定され、系統主義の社会科が成立したと一般的には考えられている。系統主義の社会科は、教えるべき内容（子どもが習得しなければならない社会的知識）があらかじめ客観的に存在しており、それを系統的なものとして子どもたちに与えていくことができると考える。

　筆者は系統主義の社会科が子どもたちに直接暗記を強いるものとは考えていない。しかし、一般的に系統主義の社会科が本来的な意味での本質を大切にする本質主義の立場に立つものではなく、構成され作られた「本質主義的なもの」として展開している以上、必然的に暗記教科になっていくと考える。対象認識的に一対一対応で教師にとっては教えるべき内容、子どもにとっては学ぶべき内容が予め存在しており、授業を通して教師はそれを子どもに与えることができると考える。もう少し踏み込んで言えば、教師の「わかりましたか？」という問いかけとそれに対する子どもたちの「わかりました」というこたえのやりとりに象徴されるように、教師は教えたことにする（子どもが学んだことにする）ことができる。すなわち、授業は教師にとってたんたんと済ませるもの、子どもにとっては受動的に受けるものになる。そのような授業においては他者や集団は必要なく、子どもたち個々は教えられた後に実施されるテストに向けて、後追い的に予め定められた学ぶべき内容を受動的に暗記しなければならなくなる。子どもにとって身に付く（使える）知識を得るものとはならない。

　しかし、たとえ形式的には一見系統主義の社会科ととらえられるもので

あっても、実質的には経験主義の社会科となる場合もあると筆者は考えている。すなわち、いわゆる系統主義の社会科は作られ構成された、例外や偶然を捨象したものがたり的なものであるがゆえに、それが集団を介して展開される場合、個別的な方向性をもつ個にとっては何らかの矛盾を孕むものとなる。その個がその矛盾に対峙する場合そしてそれが集団に表現される場合、その個と周りの子どもたちにとって追究すべき問題が成立する可能性があるということである。

　逆に、一見すると経験主義の社会科ととらえられるものであっても、子どもたちにとって矛盾を媒介にした追究する問題が成立しなければ、その子どもたちにとってその授業は実質的には経験主義の社会科ではなく、教師が与えたいと考える経験を与えることができる（教えたいものを教えることができる）という経験主義的なものにとどまるということである。

2　経験主義の社会科

　前述したように、社会科は戦後新設された教科である。修身科と地理と歴史を廃止して新設された教科である。昭和22年と昭和26年に小学校学習指導要領社会科編(試案)が発行された。昭和26年版の作成を主導した上田薫は「試案は試みの案ではなく、教師がそれを手がかりとして自由に使って良いという意味での試案だった」[1] と述べている。

　昭和22年版と昭和26年版に基づく社会科は、一般には原理や方向性を同じくするものとして、経験主義の初期社会科と考えられている。しかし、筆者は経験主義の社会科は、昭和26年版学習指導要領の完成によって理論的には成立したと考えている。今のところ昭和22年版学習指導要領で示されたものは、経験主義の社会科ではなく、「経験主義的なもの」としての社会科にとどまっているのではないかと考えている。

　例えば昭和22年版学習指導要領には、次のような記述[2] がある。

　　　第一学年　　Ⅰ家や学校で，よい子と思われるには私たちはどうすればよいか。
　　　第二学年　　Ⅰ世の中に慣れるには，私たちはどうすればよいか。

第三学年　Ⅰ世の中で一人前になるには，私たちはどうすればよいか。／
　　　　　Ⅸほかのなかまと仲よくするには私たちはどうすればよいか。
第六学年　Ⅷ世界じゅうの人々が仲よくするには私たちはどうすればよ
　　　　　いか。（以上，「第1章序論　第四節　社会科の学習指導法」の別
　　　　　表より抜粋）

「問題一　家庭や学校でよい子と思われるには私たちはどうすればよいか。

一　指導の着眼
　この年ごろの児童は，両親や特に教師に従順である。そして家庭や学
校で自分の役目として何か仕事を言いつけられ，それをうまくやったと
ほめられれば，非常に誇りを感ずる傾向がある。こういう点を利用すれ
ば，みんなに喜ばれるお手伝をしようとする意欲を増進させ，それには
どうすればよいかという理解を深めることができると考えられる。」
　　　　　　　　　　　　　　　　　　　　（「第三章　第一学年」より）

　「社会的発達　団体の中での行動に現われる児童の社会的発達は次の
ようなところに見られよう。1．多数のものの決定に従う能力。／2．
他のものの提案や意見を寛大に受けいれる。／3．他の個人やグループ
に対し提案や意見を出す。／4．他の個人や団体の権利を考慮する。／
5．団体活動に参加する。／6．他の人やグループから課せられた責任
をひきうける。／7．個人やグループの計画に協力する。」
　　　　　　　　　　　　　　　　　　　（「附　作業単元の例」より）

　これらの記述にある、「家や学校」、「世の中」、「ほかのなかま」「団体」「多
数」は端的に言えば、集団を指すものである。社会的発達について「多数の
ものの決定に従う能力」「他のものの提案や意見を寛大に受けいれる」がま
ずあげられているように、昭和22年版では社会科は一定の集団を想定し、第
一義的には個がそれに「正しく適応」するための教科と考えられていたと言
えるのではないだろうか。いわゆる「プラグマティズム的なもの」であった
と考えることができるだろう。

　それに対して、昭和26年版は社会科の意義をつぎのように述べている。「児童に社会生活を正しく理解させ，同時に社会の進展に貢献する態度や能力を身につけさせることを目的とする。すなわち，児童に社会生活を正しく深く理解させ，その中における自己の立場を自覚させることによって，かれらがじぶんたちの社会に正しく適応し，その社会を進歩向上させていくことができるようになることをめざしているのである。(「第1章　社会科の意義」より)」

　昭和22年版の冒頭(「第一章　序論　第一節　社会科とは」)は、「今度新しく設けられた社会科の任務は，青少年に社会生活を理解させ，その進展に力を致す態度や能力を養成すること」であり、「児童に社会生活を正しく理解させ，同時に社会の進展に貢献する態度や能力を身につけさせること」(昭和26年版)とほとんど同じような文章に見える。しかし、昭和22年版では、「理解」と「態度や能力」が並列されているが、昭和26年版はそれらを「同時に」で結んでおり、知的ものと実践的なものが切り離されることなく語られている。そして、「すなわち，児童に社会生活を正しく深く理解させ，その中における自己の立場を自覚させることによって」とあるように深い理解と実践的な態度能力が集団のなかにおける「自己の立場の自覚」によって結ばれている。ここには、個と集団の関係について単純に個が既存の集団に適応するというようなものではないことが明確に示されていると考えることができる。

　また、知識について昭和26年版では「おそらくどのような知識も，児童自身の生き生きした具体的な経験の一環として獲得されてはじめて，真に児童のものとなり，正しく使いこなされうるものとなると考えられる。知識と行動，したがって知的なものと実践的なものとが一体となり得ず，ばらばらであったということは，これまでとかく陥りやすい弊であったといわなくてはならない。(「第1章　社会科の意義」より)」とあるように、「個としての児童自身の生き生きとした具体的な経験」が重要であると考えられている。

　その経験に関して、22年版では「そして，そのために青少年の社会的経験を，今までよりも，もっと豊かにもっと深いものに発展させて行こうとする(「第一章　序論　第一節　社会科とは」より)」というように、また、「家庭や学校でよい子と思われるには私たちはどうすればよいか。」という問題の解説が「家庭や学校で自分の役目として何か仕事を言いつけられ，それをうま

くやったとほめられれば，非常に誇りを感ずる傾向がある。」というように、経験は個に与えられるもので、その経験が外から評価されることによって受動的な人間形成がなされる、すなわち教える側がコントロールできるものとして経験を考えている。

　経験主義の社会科が昭和26年版をもって理論的に完成したと考える場合、差し当たり、経験主義の社会科では、個と集団の関係について単純に個が既存の集団に適応するとは考えていないこと、知識が真に個のものとなるために、与えられるものではない、すなわち受動的なものではないその個自身の生き生きとした具体的な経験こそが重要であること、集団のなかにおける「自己の立場の自覚」によって知的なものと実践的なものを切り離さないことが重要であることを確認しておきたい。

3　経験主義の社会科の目的レベルでの個と集団の問題

　昭和26年版の作成を主導した上田薫は「子どもたちは左右のいずれを問わず、絶対に独裁に屈従していくことのない体制を内につちかわなければならない。それは古き個人主義にたちかえろうとするためではなく、集団内の個が集団の一員としてなにものにも拘束されぬ自由な批判力をもつことのみが、社会を真に動的に進歩せしめると考えられるからである。」[3]、「人びとは社会科のねらいについて社会への順応か改造かと論じ争っている。しかし社会科はいうまでなく社会をよりよき方向へと動的に―方向を固定させずに―推し進めるものであり、そのためにのみ知識の働きを期待するのである。換言すれば社会に対する知識理解は、社会をよりよくせんとする努力のうちにおいてのみ、正しく（正しく働きうるように）形成されるのである。単なる順応も単なる改造も、しょせん知識の動的な働きを離れたまぼろしのごときものにすぎない。」[4] と述べている。

　経験主義の社会科の目的レベルでの個と集団の問題を考える場合、まず「集団内の個が集団の一員としてなにものにも拘束されぬ自由な批判力をもつ」をどのように考えるかが重要とある。

　上田は「教育の目的は集団の形成のものではなく、あくまでも個の形成のもの」[5] であり、集団（の把握）は教育の手段であると述べている。したがっ

て、教育の手段としての集団が備えるべき条件として、集団の構成メンバーになにものにも拘束されぬ自由な批判力をもつことを許容することができるということがあげられる。教育はそのような集団を作る方向性をもつことが望ましい。しかし、実際にはそして原理的にも集団は集団に対する批判を抑圧することで集団を維持しようとする。したがって、形式的に集団が許容することを期待することはできず、個が個として自己の立場を自覚して、集団がより良くなるように、対立することや孤立することを恐れないことが重要になる。そのようにして、個においては「社会に対する知識理解は、社会をよりよくせんとする努力のうちにおいてのみ、正しく（正しく働きうるように）形成されるのである。」

　上田とともに名古屋大学教育方法学研究室で、R．R方式（子どもの思考体制）の研究に取り組んだ八田昭平は「人間は、自己の進むべき道を、何によって、どこに設定すべきか」という問いに対して、「集団の志向するもの、そこに活路を求める以外にない」と述べ、その集団は「自己をゆだねた集団ではなく、自己の生きる集団」であり、「それを形成しつつ、その中でみずからの方向を探っていく」ことを指摘している。そして、戦後社会科が発足したとき、「自己を含む集団の方向を厳しくきたえることのみ」が残された道であったと述べている[6]。

4　経験主義の社会科の方法レベルでの個と集団の問題

　経験主義の社会科で話し合いは重要な位置を有しており、方法レベルで個と集団の問題を考える上でも重要なものである。上田は話し合いという方法について、「学習のなかにおいて子どもが自分の位置を自覚するということであり、また自分がそこで働いている関係を自覚するということである。」[7]、「話しあいはかくて、単にことばのかかわりあいではなく、ことばを含む体制と体制のかかわりあいであり、ことばを通じて体制と体制との関係が変わっていくことである。体制と体制、すなわち子どもと子どもは、話し会いによってすれちがいつつひっかかっていく。」[8]と述べている。

　授業論的には経験主義の社会科は、個による社会的事象の把握、集団での話し合い、個と集団による合意形成というプロセスとして考えることができ

る。すなわち、社会的事象の把握は（一般的なものをベースにしながらも）個別的なものであり、そのそれぞれの個別的な把握が集団に提出されることによって、話し合いが展開する。話し合いは、合意形成に向けて、それを一般的なものとして集約しようとする方向で展開する。そして、個としても集団としても一応の合意形成が成立したところでとりあえずの終了を迎える。

　クロノス的な時間の流れのなかでは、教育実践は一方向的に展開していくものである。しかし個である子どもの知識形成は、それぞれの段階で固定されるものではなく、常に構成されつつある動的なものである。したがって、厳密に言えば、合意形成は集団レベルで考えると形式的に固定されたもの（法則）となるが、個のレベルで考えると完全に形成されることはなく、常に動的なものである。

　上田は「個性的統一の発展形態」に関して、次のように述べている。「場所を成立させ、また働かせるものは、一方において狭く個に徹しようとする個性化の方向であり、他方において広く普遍につながろうとする一般化の方向である。換言すれば、それは前者を意思の立場、後者を理性の立場とすることもできるであろう。両者はつねに相反する方向へと働き、しかもそこに自己統一の動的調和を生み出している。すなわち、意思も盲目的に個を求める抽象的立場を脱して、個は他の個に対することによってはじめて個でありうることを自覚し、また、理性も、単に抽象的な無限を求めることをやめて、個はみずからなっとくしうることのみを認めるという立場を成立せしめる」[9]。これは、「個の形成」の立場から考えたものであるが、ここでは個と集団の問題に敷衍して考えてみたい。

　例えば、「伝統は大事である」ということを教えようとする授業で「（必要のない）伝統はいらない」と考え表現する子どもは、教える側にとって都合の悪い子どもである。そういった子どもの表現は授業では取り上げられない、あるいはなかったことにされる場合も多い。つまり、いわゆる系統主義の社会科においては、そのものがたりから外れる子どもは閑却される。しかし、経験主義の社会科においては、そのような「個に徹しようとする個性化の方向」を持った個を閑却しない。むしろ、そのような少数の個と一般の方向を有する集団（多数としての他の個々）が話し合いにおいて「すれちがいつつひっかかっていく」ことにより、経験主義の社会科の、一人ひとりの個の人間形

成／自己形成を促す問題解決学習[10] が展開していくことになる。

5　結語 —— 経験主義の社会科における外への弁証法と内への弁証法

　経験主義の社会科は問題解決学習の実践として展開する。そしてその問題解決学習は「問題は無限の解決を含み、解決は無限の問題を含む」[11] ものとして考える必要がある。本稿のまとめとして、この問題解決学習における個と集団の問題について、弁証法の観点から捉え直してみたい。

　経験主義の社会科における問題解決学習において、教育の手段である集団の方から見れば個はアンチテーゼ、とりわけ集団にとって都合の悪い、矛盾を洞察する能動的な個は強いアンチテーゼとなる。そして、教育の目的である個の方から見れば自分と異なる立場に立つ個を擁する集団、とりわけ寛容の程度が低い自己保存の傾向が強い集団は強いアンチテーゼとなる。集団（テーゼ）は個（アンチテーゼ）を介して、総合（ジンテーゼ）の方向で新たな集団を構成していく。これは一般の方向（外への方向）の弁証法である。同時に、個（テーゼ）は集団（アンチテーゼ）を介して、統一（ジンテーゼ）の方向で新たな個を形成する。これは個別の方向（内への方向）の弁証法である。一人ひとりの個の人間形成／自己形成は、このような問題解決学習によって促進される。

　それに対して、経験主義でない系統主義の社会科の多くは、個と集団がともにテーゼとなり、ともに互いのアンチテーゼになることはない。言い換えれば、そこでは個にも集団にも自己否定がなく、そこでは弁証法は成立しない。また「経験主義的なもの」としての社会科、「プラグマティズム的なもの」としての社会科においては、常に集団がテーゼとして個がアンチテーゼとして固定化され、そこではジンテーゼが生じることはない。

　経験主義の社会科は、形式形態にとらわれないもの／こだわらないものであり、一人ひとりの個が集団のなかでの自己の立場を自覚しつつ人間形成／自己形成を遂げていくものである。そのような個の人間形成／自己形成を通して、集団を、「社会をよりよき方向へと動的に―方向を固定させずに―推し進めるもの」である。

註

1 ）戦後史証言プロジェクト「日本人は何をめざしてきたのか 2015年度未来への選択 第
　　5 回　教育　～「知識」か「考える力」か～」における上田薫の証言を参照（https://
　　cgi2.nhk.or.jp/archives/shogenarchives/postwar/shogen/movie.cgi?das_
　　id=D0012100425_00000（2019年 1 月 5 日最終アクセス））。

2 ）国立教育政策研究所「学習指導要領データベース」参照（https://www.nier.go.jp/
　　guideline/（2019年 1 月 5 日最終アクセス））。なお本文中の学習指導要領からの抜粋は、
　　このデータベースに基づく。

3 ）上田薫『知られざる教育』黎明書房、1958年、34頁。

4 ）同上書、37頁。

5 ）上田薫「教育における個と集団」原俊之ほか編『教育学全集12　集団と教育』小学館、
　　1968年、315頁。

6 ）八田昭平「社会認識の評価」長坂端午ほか編『教育学全集 8 　社会の認識』小学館、
　　1968年、289頁。

7 ）上田薫、前掲書、1958年、79頁。

8 ）同上書、84頁。

9 ）同上書、274頁。

10）人間形成／自己形成としての教育における問題解決学習の実践については田上（2018）
　　において論じている（田上哲「問題解決学習の理論と実践」『考える子ども』No.385、
　　社会科の初志をつらぬく会、2018年、 5 - 8 頁参照）。

11）西田幾多郎「デカルト哲学について」上田閑照編『西田幾多郎哲学論集Ⅲ　自覚につ
　　いて　他四篇』岩波書店、1989年、277頁。

（田上　哲）

終章　学習集団づくりが育てる「学びに向かう力」

　2019年4月、ドイツ・ライプツィヒ大学の教職課程を履修している学生のためのプラクティカムの説明会に参加した。初等の第一学年と中等の第一学年の教室の子どもたちの学習支援に約半年間の長期に亘って関わり、教育実習にあたるプラクティカムの単位を修得しつつ、市からアルバイト代ももらえるという市・大学・学校の協働でのSTARTtrainingというプロジェクトの学生向け説明会である。同プロジェクトを主催するライプツィヒ大学の教師教育・学校研究センター（Zentrum für Lehrerbildung- und Schulforschung: ZLS）での説明会後の横断歩道で、二人の女子学生の次のようなやりとりを目にした。二人は横断歩道を渡ろうとしていたが、ちょうど信号が赤に変わった。一人の学生は走って横断歩道を横断したが、もう一人の学生はそのまま渡らずに横断歩道の手前で立ち止まった。一市民の目からして、信号無視というほどの危険な状況ではなく、急ぎ足で渡っても違和感のない状況であったし、筆者自身もちょうど渡る途中であったので急ぎ足で横断した。渡りきった学生が振り返ってもう一人の学生が渡ってきていないことを確認すると、立ち止まった学生が次のように叫んで声をかけた。「あなたは教師でしょう！（Du bist Lehrerin!)」。

　日常生活においても、学校生活においても、こうした葛藤場面には多く遭遇する。危険も他者への迷惑もかからなければルールを破ってもいいのかどうか、あるいはそれでも社会的ルールや決まりに従うべきか、自分だけが他の人と異なる振る舞いをとっていいのか、自分の振るまいが他者になんらかの影響を与える可能性を加味するとその振る舞いを規制／鼓舞する方が望ましいのかどうか。この二人の女子学生のやりとりからは、まだ教師ではない学生である自分たちを、数ヶ月後には実習生として子どもたちと向き合う「教師」として認識するという自分たち自身の学びへの「向かい方」が示唆されている。またさらに言えば、「教師たる者、いつ子どもたちに見られても恥ずかしくない行動をしなさい」という教職倫理だけを教室で教えることよりも、日常的な仲間である他者とのかかわりの中でこそ「向かい方」を学ぶ契機が潜んでいることを再認識させられた。

　本書『学習集団研究の現在Vol. 3　学習集団づくりが育てる「学びに向かう力」─授業づくりと学級づくりの一体的改革─』は、陶冶と訓育の統一という原則を今日の道徳教育や学級経営の動向にも目配せしつつ、今時学習指導要領改訂で示された資質・能力の柱の一つでもある「学びに向かう力」を主題として据えて編集されている。学習集団づくりは、授業づくりと学級づくりとを統一的に捉えることによって、子どもたちの「学びに向かう力」を育んできた。ここで重要なことは、「学び」とは何か、あるいは「力」とは何かということよりも、「に向かう」の部分である。

　上述した二人の女子学生の「向かい方」は、自分たちの文脈を教師としての教育実践に据えた、「教師とは何か」「教師として生きるとは何か」へと向かう「道徳的実践」[1]である。この道徳性を規定しているものは、「『に向かう』という関係性の視点」（折出論文、51頁）にあり、「人間の学び方」（豊田論文、70-71頁）とは切り離されえない。この人間の学び方・学びに向かう力を「関係性」の問題として明確に意識して実践を積み重ねてきたのが、学習集団づくりの実践である。

　学習集団づくりにおいては、いかに集団を組織し動かすかという＜技術＞の側面だけが強調されるのではない。なぜ集団で学ぶのか、子どもたちにとってその集団はどんな集団なのかといった、＜思想＞こそが重視されてきた。「たしかに技術によって子どもは動く、しかし、思想とともに子どもは育つ」[2]のであり、「その技術を使う教師のねらいとその思想性を常に問うことが追求されてきた」（船越論文、31頁）のである。したがって、教師の＜思想＞を願いや思い、ねらいや期待としていかに子どもたちに伝え、実践し、それを省察しうるのかが問われる。

　こすもす保育園の実践では、「大人の"こうなってほしいな""みんなで楽しいことしようよ"という思い」（横井・古賀論文、76頁）が強調されつつ、お泊まり保育などの実践を通して「自分の思いが形になる嬉しさ」（横井・古賀論文、79頁）を子どもたち自身に実感させていく。御幸幼稚園では「『あそびは子どもが決める』という徹底した子ども主体の実践」（長瀬論文、101頁）を通じて、「『非効率さ』『まどろっこしさ』こそ、幼児期の経験として不可欠なもの」（長瀬論文、100頁）であるという思想が実践されていく。吉田実践では「無理に集団に合わせるのではなく、どんな子でも安心して『いる』

ことができる学級」（吉田論文、104頁）づくりに実践の起点が置かれ、溝上実践ではN君と「正面から向かい合い、気持ちに寄り添う」（溝上論文、137頁）ことを、関係性を生み出す実践の中核に据えている。

　他方で学習集団づくりは、こうしたそれぞれの実践を支える＜思想＞を重視しつつも、実践の＜技術＞を軽視してきたわけではない。内容と方法の「統一」という弁証法的思考が、学習集団づくりの実践研究の核である。2019年11月9日には、1989年の「ベルリンの壁」崩壊から30年を迎える。ここライプツィヒではこの「転換（Wende）」を「平和革命（friedliche Revolution）」と呼び代えはじめている。ベルリンの壁崩壊へとつながったニコライ教会の「月曜デモ」は確かに「デモ」であるが、よく知られているとおり、その平和的な抵抗のあり方こそが注目されるべきであるからである。自由を求める市民は、月曜日にローソクを手に街を練り歩いた。ローソクを手にして歩くことは、ローソクを持つ手とその自由への火を消さないための手の使用を要請する。すなわち、武器を手にできないことを意味している。「自由」と「民主主義」といった＜思想＞や訴えの内容だけを重視するのでは、その実践は動かないし、他者である人びとには訴えかけられない。その＜思想＞と、いかに振る舞うのかという方法・「向かい方」との統一が「運動」として結実していることが重要なのである。このことは、一見して理解不能であったり、教師・保育者の視線から見れば「非効率」であったり意味をもたない行動に見える子どもの方法や「向かい方」にこそ、子ども自身の「自由」や「解放」に向けた願いをくみ取ることができるかどうか、「教師が自ら困っていることから抜け切って、子ども自身が困っていることを発見できるかどうか」[3]に視線をおくる教師の倫理観ともつながっている。

　このような認識に立てば、早田実践の見通しと確かな「見とり」、子どもたちの実践を通した変容には一目置かざるを得ない。「『全員で』を目指すときに、まず、一人一人が認められる学級」（早田論文、119頁）という願いの実現に向けて、授業において算数的道具の使用を子どもたち自身にメタ的に認識させる働きかけを行い、「明日は、わりきれない場合を考える。楽しみ。」（早田論文、129頁）という「学びに向かう」子どもたちの姿勢を引き出している。集団づくりの＜技術＞的側面が重視されすぎると、「子どもたちは教師の意図や行為の客体に位置づけられ、子どもたち自身が学級づくりの主体

から遠ざけられていく危険性も併せ持っている」（熊井論文、24頁）ことが明確に意識された実践である。「操られた主体性」（八木論文、131頁）ではなく、「目先の承認欲求から解放され、自分の弱さに向き合える」（八木論文、133頁）ようになってこそ、「自己の生き方を追究している子どもの姿」（八木論文、135頁）を育てる道徳的実践となりうることを早田実践は示唆している。

　こうしてみると学習集団の授業づくりにおいては、教師の＜思想＞を＜技術＞によって媒介するとともに、つねに子どもたち自身の生き方や認識によって、それら教師の思想と技術を捉え返す側面が重視されてきた。「その（保育の発展の一註：引用者）判断基準はあくまで子どもたちにとって面白いか、子どもたちがワクワクしているか」（渡邉・山本論文、88頁）のように子どもの目線で実践を構想するとともに、子どもたちに対して「○○ができない」といった「『欠損』のまなざし」（黒谷論文、48頁）を向けるのではなく、「既に身に付けている『わかること、できること』に目を向け、どの子どもも排除されない授業」（黒谷論文、48頁）、「自己をインクルード＝包摂する世界」（湯浅論文、149頁）として学習集団の授業づくりは学級づくりとの一体的な改革を模索してきたのである。だからこそ、「学びの芽生え」（長瀬論文、99頁）へと至る「試行錯誤を許容する見守り」（長瀬論文、102頁）の中では、子どもたちのできなさよりも挑戦しようとする「向かい方」こそが重視されるのであり、「『包摂／排除』の政治力学が教室の子どもたちの関係性のなかに色濃く反映している」（船越論文、37頁）幼児期から初等・中等段階への発達の中で、「公共空間の基本的なあり方」として「共感・共闘・共生する子ども集団」（船越論文、36-37頁）をいかに志向し実践するのかが問われるのである。

　ここで見落とされてはならないのは、集団づくりの実践は徹底して個に寄り添い、個をこそ尊重するための集団づくりであるという実践の事実である。ここでは、「集団の構成メンバーになにものにも拘束されぬ自由な批判力をもつことを許容」（田上論文、163頁）し、「個が個として自己の立場を自覚して、集団がより良くなるように、対立することや孤立することを恐れない」（田上論文、163頁）ことが重要な前提となる。すなわち、「子どもの個（individuality）への注目とは、『分割できない』その子どもの世界を尊重するという意味」（湯浅論文、150頁）を実践の基底に据え、「拒否する自由」（八木論文、133頁）を享受する「子どもたちが抱える『遅さ』『わからなさ』『間

違い』や『多様なわかり方』がもつ知の豊かさに着目し、『遅さ』『わからなさ』『間違い』『多様なわかり方』に応答する知を育むことが追究されてきた」（黒谷論文、43-44頁）のである。

　この意味で、溝上実践における「『怒って、教室を飛び出したのがいけんかった』と自信の反省を発表」（溝上論文、140頁）し「自分の行動を振り返ることができた」N君も、吉田実践における「『わかる子』が『わからない子』に気づくきっかけ」（吉田論文、108頁）をつくりながら、「子どもたちの間で『学習や生活をよりよくしていこう』という意識」（吉田論文、113頁）の形成も、こすもす保育園のKくんに対する保育士の「『諦めずに行く』ことが凄いことだという大人の価値を押し付けていないか悩んだ」（横井・古賀論文、81頁）という省察も、「子どもたちの学びに対する姿勢や構えが変容していくことを再認識」（熊井論文、21頁）する道徳的実践として一貫した論理＝「学びに向かう力」を育てる学習集団づくりの論理に貫かれている。すなわち、「『できる』ことからの解放が、子どもたちの安心感と『これをやってみたい』という次への意欲」（渡邉・山本論文、89頁）につながるという認識から、「無寛容な異質排除」に抗して「『正しさ』をゆさぶり、一旦、もう一つの世界へと指さすことによって、異質共存できる居場所をつく」（髙木論文、117頁）りだし、「『学習させられる』のではなく、子どもたちが社会における道徳価値とは何かを自分で考え、価値形成にいどむ発達主体に変わっていく」（折出論文、61頁）実践にこそ、学習集団づくりが育てる「学びに向かう力」が描き出されている。

　社会における道徳「価値」を自分で考え、価値形成に挑む発達「主体」として授業づくりと学級づくりを一体的に捉える実践構想は、ジェンダー／セクシュアリティ研究を踏まえて、「学習集団は、『みんなでわかり合う』ことを目指すとき、子どもたちの多様性、とりわけ『性の多様性』をどれほど踏まえてきただろうか」（山田論文、156頁）とする指摘にもつながっている。そのためには、「学習集団における知の向き合い方」をこそ子どもたちの「学びに向かう力」として実践構想していく研究のあり方が求められる。こうしたスタンスは、新型コロナウイルス感染症対策への奔走を余儀なくされ、学校という「共に学ぶ場」のもつ教育的意義を相対化するべき今日的状況において、子どもたちと共にこれからの学校と社会を展望するわれわれ自身の生

188

き方にもつながってくるだろう。

　「授業づくりの転換」から「学びの地図」を経て「学びの力」へと至る「学習集団研究の現在」の三巻の歩みを振り返ってみると、その理論的基盤としての＜思想＞と実践の記録・解説による＜技術＞の継承によって、その意味を「現在化」してきた足跡を振り返ることができる。なお付言しておくと、この＜思想＞と＜技術＞、＜理論＞と＜実践＞とをつなぐ「キーワード」の「現在化」が今後の重要な課題として認識される。読者諸氏との理論的・実践的交流を通じて、本シリーズおよび学習集団研究の一つの集大成としての「キーワード」の「現在化」に着手しながら、本シリーズのさらなる発展を期すことができれば幸甚である。

註

1）中野和光（2016）「コンピテンシーによる教育のスタンダード化の中の学習集団研究の課題」深澤広明・吉田成章編『学習集団研究の現在Vol.1　いま求められる授業づくりの転換』溪水社、12頁。

2）久保田みどり・深澤広明（2018）「学習集団づくりをモデルとする教職員集団の形成—まなざしの共有から真理・真実の共有へ—」深澤広明・吉田成章編深澤広明・吉田成章編『学習集団研究の現在Vol.2　学習集団づくりが描く「学びの地図」』溪水社、115頁。本引用は、久保田実践に対する深澤による解説部分である。

3）竹内元（2016）「子どものニーズをふまえた全員参加の授業づくり：『全員参加』の再定義」深澤広明・吉田成章編『学習集団研究の現在Vol.1　いま求められる授業づくりの転換』溪水社、113頁。

2019年9月　ライプツィヒ大学一般教授学研究室にて記す

2020年5月　コロナ禍の広島大学教育方法学研究室にて追記

（吉田　成章）

執筆者一覧（執筆順）

深澤　広明（ふかざわ　ひろあき）広島大学

熊井　将太（くまい　しょうた）　山口大学

船越　　勝（ふなごし　まさる）　和歌山大学

黒谷　和志（くろたに　かずし）　北海道教育大学

折出　健二（おりで　けんじ）　　愛知教育大学名誉教授

豊田　和子（とよだ　かずこ）　　名古屋柳城女子大学

横井　　生（よこい　うぶ）　　　愛知県私立保育園

古賀さゆり（こが　さゆり）　　　愛知県私立保育園

渡邉眞依子（わたなべ　まいこ）　愛知県立大学

山本　理絵（やまもと　りえ）　　愛知県立大学

長瀬　美子（ながせ　よしこ）　　大阪大谷大学

吉田　聖史（よしだ　さとし）　　千葉県公立小学校

髙木　　啓（たかき　あきら）　　千葉大学

早田　雅子（そうだ　まさこ）　　長崎県公立小学校

八木　秀文（やぎ　ひでふみ）　　大阪体育大学

溝上　大輔（みぞうえ　だいすけ）広島県公立中学校

湯浅　恭正（ゆあさ　たかまさ）　中部大学

山田　　綾（やまだ　あや）　　　四天王寺大学

田上　　哲（たのうえ　さとる）　九州大学

吉田　成章（よしだ　なりあきら）広島大学

学習集団研究の現在　Vol.3

学習集団づくりが育てる「学びに向かう力」
—— 授業づくりと学級づくりの一体的改革 ——

2020年6月10日　発　行

編　者　深澤広明・吉田成章

発行所　株式会社　渓水社

　　　　広島市中区小町1-4（〒730-0041）

　　　　電話082-246-7909　FAX082-246-7876

　　　　e-mail: info@keisui.co.jp

　　　　URL: www.keisui.co.jp

ISBN978-4-86327-492-1 C3037

学習集団研究の現在 vol. 1

いま求められる授業づくりの転換

広島大学教育方法学研究室（深澤広明・吉田成章 責任編集） 1,800 円＋税

アクティブラーニングの重要性が叫ばれる中、対話的、協同的な学び、集団思考が求められる
一方で、それらの基盤となる集団のあり方自体が問われている。新たな教育研究をデザインし
ながら、学習集団研究の現在を問い直す。

刊行の辞にかえて―いま、なぜ、「学習集団研究の現在」なのか
第1部　グローバル時代の教育改革で求められる学習集団による授業
　コンピテンシーによる教育のスタンダード化の中の学習集団研究の課題／生成的学習集団への転換／
　インクルーシブ授業としての学習集団／アクティブ・ラーニングと学習集団研究
第2部　学習集団づくりによる授業の改造―実践記録とキーワードの再定義
　子どもたちが出会い直すための指導的評価活動：「評価」の再定義／子どもたちと達成感を共有する
　班づくり：「班」の再定義／魅力ある発問づくりにつながる教材研究：「発問」の再定義／子どもの
　ニーズをふまえた全員参加の授業づくり：「全員参加」の再定義
第3部　学習集団研究の最前線
　教育実践史研究のなかの学習集団／教科教育と学習集団：国語の授業と集団の指導―教科内容
　が求める学習集団という見方で再検討する
　あとがきにかえて―学習集団研究の「現在」に向けて

【執筆者】深澤広明／中野和光／子安　潤／湯浅恭正／久田敏彦／長谷川清佳／八木秀文／山口　隆／
　宮原順寛／小泉　靖／佐久間敦史／竹内　元／豊田ひさき／阿部　昇／吉田成章

学習集団研究の現在 vol. 2

学習集団づくりが描く「学びの地図」

深澤広明・吉田成章【編】1,800 円＋税

「学びの地図」としての役割が期待される新指導要領。その活用には進むべき方向を示す「羅針盤」
が必要である。本書では、地域や子どもたちに根ざした教育の実現を目指す指針（羅針盤）と
しての学習集団のあり方を示す。

「教育方針（羅針盤）」としての学習集団づくり―序にかえて―
第1部　学習指導要領の改訂と学校づくり・授業づくりの課題
　授業研究が支える学校づくりと学級づくり／学習集団研究からみた「カリキュラム・マネジメント」の
　課題／インクルーシブ教育時代の校内授業研究と学校づくり
第2部　学習集団づくりによる教育実践の記録と指針
　授業で子ども相互が理解し合うために／気になる子どもを中心にした授業づくり（解説：「しなやかさ」を
　基盤とした気になる子どもに対する教師の「まなざし」）／学習集団づくりをモデルとする教職員集団の
　形成―まなざしの共有から真理・真実の共有へ―／個と集団にドラマを引き起こす教育的タクト―算数
　科授業から―（解説：主体―主体の弁証法から「教育的タクト」を問い直す）／地域とのつながりを
　生かし未来を創る人を育てる学校づくりと授業づくり―学びを生き方につなぐ学校づくりは地域づくり―
第3部　学習集団研究の最前線
　臨床教育学からみた学習集団研究の課題／理科の授業における認識形成と集団指導
　学習集団づくりが描く「学びの地図」―結びにかえて―

【執筆者】深澤広明／白石陽一／北川　剛／樋口裕介／吉田茂孝／永江隼人／福田敦士／玉城明子／
　森　久佳／久保田みどり／福田恒臣／吉田成章／近藤　毅／八木秀文／庄井良信／大野栄三